Ein Magazin vom EISENBAHN KURIER
HAMBURG – BERLIN
EISENBAHN-KURIER THEMEN 62
€ [D] 14,80 • sFr 26,90 • € [A] 16,20 • € [L] 17,40 • Bestellnr. 1889 • 3. Quartal 2021
ISBN: 978-3-8446-1889-1

Hamburg – Berlin

1846 – 2021

175 Jahre von Metropole zu Metropole

Impressum

EK-Themen 62

Hamburg – Berlin

Bestellnummer 1889, ISBN 978-3-8446-1889-1

EK-Themen erscheint vierteljährlich bei der

EK-Verlag GmbH

Lörracher Straße 16, 79115 Freiburg

Tel. (07 61) 703 10-0, Fax (0761) 703 10 50

Chefredakteur: Jörg Sauter (v.i.S.d.P.)

Autor dieser Ausgabe: Robin Garn

Redaktion und Gestaltung: Robin Garn

Mit Abbildungen haben uns unterstützt: Thomas Bentien, Peter Bley, Stefan Carstens, Christian Eilers, Eisenbahnstiftung Joachim Schmidt, Freunde der Eisenbahn e.V. Hamburg, Jürgen Hagemann, Axel Herud, Frank Heukelbach, Klaus Hopf, Klaus Jacob, Keystone Pressedienst, Konrad Koschinski, Michael Krolop, Dierk Lawrenz, Hans-Joachim Lange, Ingulf Leuschel, Ernst-Günter Lichte, Jan-Geert Lukner, Bodo Narva, Dieter Petermann, Stefan Pfütze, Herr Radke, Holger Raebel, Uwe Ramin, Andreas Rasemann, Karsten Risch, Andreas Rossel, Archiv Fritz Schadow, Klaus-Dieter Schichan, Rainer Schnell, Wolfgang Schulze, Mario Sembritzki, Helmut Starck, Dr. Günther Ungerbieler, Benno Wiesmüller, Wikimedia, Ronald Xanke

Danke: Volkmar Kubitzki, Bernd Kuhlmann, Peter Lindemann, Paul Scheller, Dr. Holger Schnering, Andreas Stange

Bildbearbeitung: Robin Garn

Vertriebsleitung:
Roswitha Böhm, Tel. (0761) 703 10 31

Abo-Service: Tel. (0761) 703 10 0

Anzeigenleitung:
Sven Burmeister, Tel. (0761) 703 10 29

Bankverbindung:
Sparkasse Freiburg-Nördlicher Breisgau
IBAN: DE70 680 501 01 000 209 11 72,
BIC: FR SPD E66

Druck: Hinckel Druck GmbH, Wertheim

EK-Themen erscheint vierteljährlich und kann im Abonnement bezogen werden. Das Abonnement verlängert sich stillschweigend um 12 Monate, sofern es nicht spätestens sechs Wochen vor Ende des Bezugsjahres gekündigt wird.

Einzelpreis: € 14,80

ISSN 0170-5288

Liebe Leserinnen und Leser,

Berlin und Hamburg, Hauptstadt und Hafenstadt, das sind seit Langem unsere größten Städte. Jedenfalls waren beide es bereits bei der Einweihung des sie verbindenden Schienenwegs am 15. Dezember 1846. Diese Hauptstrecke unter unseren deutschen Eisenbahnen würdigen wir anlässlich ihres 175-jährigen Bestehens in dem Ihnen vorliegenden EK-Themenheft.

Wir möchten Sie einladen zu einer Zugreise durch die Zeit, in der es an Abwechslung nicht mangelt. Wie jäh Epochen zu unseren Lebzeiten untergehen, mag nebenstehendes Bild unterstreichen. Es zeigt eine Seite meines Reisepasses von 1984 voller Transitvisa der DDR, die von (knapp vierstündigen) Zugfahrten zwischen Hamburg und Berlin stammen. Darauf liegt die Umhängekarte der 88-minütigen ICE-Eröffnungsfahrt vom Dezember 2004.

Aber zurück zu den Wurzeln. Sie erzählen Geschichten von Eisenbahnpionieren, die allesamt internationale Erfahrungen einbrachten und berichten von diplomatischem Geschick, zwei Bürgerschaften stolzer Hansestädte (Hamburg und Lübeck), zwei Könige (von Preußen und Dänemark) sowie einen Fürsten (von Mecklenburg) dazu zu bewegen, begeistert an genau unserem Bahnstrang zu ziehen. Wir bitten Sie das Betriebsreglement der Berlin-Hamburger Eisenbahn (BHE) zu beherzigen – „Das Mitnehmen geladener Gewehre ist strengstens untersagt" – und führen Sie sowohl ins Reich griechischer Sagen als auch der Tierwelt. Aus beiden schöpfte die BHE, um ihre Stahlrösser zu taufen.

„Liebster, wie war die Fahrt? – Meine Holde, die Lok *SALAMANDER* hat mich zu dir gebracht." Oder: „Ruppig. Wie sollte es auch anders sein. Uns zog bellend der *CERBERUS*!"

Über die Verstaatlichung der BHE wie anderer großer Bahnen vor ihr und den technischen Fortschritt während des Kaiserreiches, war es an der Weimarer Republik, den rasanten Tempogewinn der 1930er Jahre angebahnt zu haben. Steigen Sie 1933 mit Karl Julius Harder im Lehrter Bahnhof auf eine 03 und erleben eine Jagd nach verlorenen Minuten auf der Fahrt nach Hamburg. Dort lernen Sie neun Jahre später Erika Karsten kennen, eine Schaffnerin, die zur Heldin wurde, als ihr Berliner Zug ins todspeiende Inferno geriet.

Der Zäsur von 1945 mit dem buchstäblichen Zusammenbruch unserer Verbindung folgt ein vier Jahrzehnte währender Betrieb im Zeichen der deutschen Teilung. Warum Transitzüge „Zitteraale" heißen, schildert uns Uwe Ramin, 1975 jüngster Fahrdienstleiter des Amtsbezirks von Wittenberge.

Den Bogen zu schlagen vom Kalten Krieg und dessen glückliches Ende, zur Bahn, die nach und nach ihre Bestimmung in der Moderne und für die Zukunft erfährt: daran lässt uns Ingulf Leuschel teilhaben. Der Vollbluteisenbahner hat die Geschicke unserer Strecke seit 55 Jahren nicht ganz unmaßgeblich begleitet.

Hamburg – Berlin gibt so viel her, dass knapp 100 Seiten, wie sie Ihnen, liebe Leser, vorliegen, fragmentarisch bleiben, unvollständig, bewusst Leerstellen lassend. Selbst mit 293 Seiten, eine für jeden Kilometer zwischen Hamburg-Altona und Berlin Hbf, wären nicht alle Unschärfen beseitigt.

Als Eisenbahnfreund, in Berlin geboren und in Hamburg lebend, reise ich seit 1973 regelmäßig zwischen meinen Ankerstädten mit der Bahn. Ich kann es kaum erwarten, wieder mit allen unbeschwert auf Achse zu sein. Sollten Sie jemand im Speisewagen bei Tempo 230 bemerken, wie er seiner Streckenkunde darüber Ausdruck verleiht, leise-schmunzelnd die gerade durchfliegenden Stationen vor sich hin zu murmeln, dann könnte ich es sein.

Viel Freude beim Lesen und Schauen!

Robin Garn

Titel, großes Bild: **Hamburg Hauptbahnhof, an einem Maimorgen 1963. Es hat Einfahrt D 163 nach Berlin. Postwagen, Packwagen, sieben Sitzwagen, in Büchen kommen noch zwei Kurswagen aus Kiel hinzu. 03 202, eigentlich eine Wittenberger Maschine, wird um 10 Uhr in Hagenow-Land gewechselt. Nach zwei ausführlichen Pass- und Zollkontrollen soll D 163 um 13.28 Uhr in Berlin Zoologischer Garten einrollen.** Aufnahme: Walter Hollnagel

Titel, kleine Bilder: **Blick von der Beusselstraße in Berlin-Moabit auf den 401 006 als ICE 890 nach Hamburg-Altona, 25. Februar 2012. Kofferaufkleber in Erinnrung an eine Reise mit dem „Fliegenden Hamburger" aus den 1930er Jahren. Planmäßige Zugkreuzung in Pritzier am Morgen des 15. August 1990: 601 013/015, ein TEE-Triebwagen der Bundesbahn aus den 1950er Jahren, wartet als IC 130 *Max Liebermann* die Durchfahrt des aus Hamburg kommenden D 331 (mit 132 624) ab.** Aufnahmen: Michael Krolop, Sammlung Robin Garn, Robin Garn

Inhalt

D 64 am Abend des 26. August 1954 bei der Abfahrt in Büchen. Im Berliner Ostbahnhof um 15.43 Uhr hatte für ihn erstmalig eine Aufsicht den Befehlsstab zur Abfahrt erhoben. Eine 01 zog mit ihm über die Stadtbahn, links und rechts noch von Ruinen und Freiflächen gesäumt. Friedrichstraße und Zoo (ab 16.18 Uhr) folgten. Unterwegs nahm er zwei Verkehrshalte in Wittenberge und Hagenow-Land wahr. Im Schwanheide, einem Dorfbahnhof, der zu einer Kontrollarena aufgerüstet wurde, nahm das Inspizieren von Papieren und Gepäck der Reisenden 41 Minuten in Anspruch (20.25-21.06 Uhr). Endlich in Büchen angekommen atmeten alle auf. Von hier geht es auf Hamburg zu in die einzige leichte Steigung bis Schwarzenbek. So nimmt der D-Zug nur mäßig Fahrt auf. Er rollt nach rund einer Stunde in Hamburgs Hauptbahnhof ein und beendet seine Fahrt schließlichum 22.39 Uhr in Hamburg-Altona … macht auf seinem Lauf über 301 Kilometer eine Durchschnittsgeschwindigkeit von 43,4 km/h.

Aufnahme: Walter Hollnagel

Stadtbahn · Wittenberge ·
Hamburg = Altona

175 Jahre von

Berlin ist in erster Linie eine Eisenbahnstadt. Das wird recht deutlich, wenn wir diese Szene aus Moabit im Sprung von 90 Jahren ausbreiten. Binnenschiffer werden zwar raunen, aber da ist doch der Westhafen zu sehen, mit seinen markanten Speichern. Nein, hier blicken wir von der Beusselstraßenbrücke auf die Ausfahrt des Lehrter Bahnhofs von 1912 und des Hauptbahnhofs von 2012. Das Bemerkenswerte: von 1945 bis 2006 gab es hier keinen Fernverkehr – außer dem französischen Militärreisezug nach Tegel. Paris? Marlene Dietrich und Hildegard Knef haben es besungen und es mag so manchen Eisenbahner geben, der es nachfühlen kann: „Ich hab' noch einen Koffer in Berlin."

Hier rauscht der Fernverkehr Richtung Hannover und Hamburg entlang, so gebündelt, wie es schon im 19. Jahrhundert der Fall gewesen ist: 401 006 als ICE 890 nach Hamburg-Altona, 25. Februar 2012

Michael Krolop

Um 1920 verqualmte nicht nur das Kohlekraftwerk die Gegend. Eine T 12 naht mit ihrem Vorortzug nach Spandau West. Der Herr Retuscheur verstärkte den Eindruck allgemeiner Betriebsamkeit, indem er die letzten Wagen der Güterzüge Lampen und Dampfwolken anpinselte.

Alvert Vennemann / Eisenbahnstiftung

Hamburg – Berlin (1846 – 2021)

Metropole zu Metropole

Keine romantischer Täler, durch die man sich windet. Weder sind erhabene Burgen und Schlösser zu bestaunen noch Viadukte oder Tunnel zu befahren. Dafür gibt es diese dünn besiedelte Weite zwischen den Metropolen. Unspektakulär, aber wie geschaffen zum flotten Fahren.

Bodo Narva

Immer geradeaus mit dem ICE. Bei Segeletz kommt am 3. April 2021 eine DR-V100 mit ein paar Wägelchen (direkt aus der PIKO-Anfängerpackung) entgegen. Man muss die Strecke mögen, etwas mit ihr anfangen können. Ein Lokführer meint im Scherz: „Wenn hinter Glöwen keine Schutzstrecke wäre, die nur mit ausgeschaltetem Hauptschalter passiert werden darf, würde ich den Bahnhof glatt verschlafen."

Christian Eilers

24. September 1981: Immer wieder müssen in Dergenthin Güterzüge in die Überholung. 50 0063 hat Ausfahrt. Zwei Flügel: nächster Halt ist in Wittenberge zu erwarten.

Thomas Bentien

Axel Herud

Dahinten kommt, wofür der Fotograf aus Hamburg mit einem West-Berliner Personalausweis am frühen Morgen des 17. April 1985 hierher gekommen ist, nach Klein Warnow, an der Hauptbahn Hamburg – Berlin: Der zuverlässig mit Dampf bespannte Dg 53881 aus Hagenow-Land nach Wittenberge; heute fährt 50 3637.

Zwei Jahrzehnte bildeten die sowjetischen Brocken der BR 120 (ob ihres dröhnenden Geräuschs „Wummen" genannt) vom Bw Hagenow-Land das Rückgrat im grenzüberschreitenden Güterverkehr. Aus Büchen kommend, passiert 120 036 den Kilometerstein 200,1 östlich von Pritzier (30. März 1991).

Hamburg hat seit 1906, was Berlin abging und erst 100 Jahre später bekommen sollte: einen Centralbahnhof, an dem nur wenige Reisezüge vorbeifahren. Mehr noch: Aus der Freien Hansestadt Hamburg erwuchsen in den 1830er Jahren erste Initiativen zum Bau einer Bahn nach Berlin. Und das benachbarte Altona – seit dem Krieg gegen Dänemark 1864 bis zur Eingemeindung 1937 preußisch – wurde Sitz einer Direktion der KPEV. Ihre Zuständigkeit reichte bis kurz vor Nauen und damit vor das wachsende Weichbild Berlins. Demzufolge bespannte Altona bis 1945 das Gros schneller Züge auf dieser Strecke.

Grandezza des preußischen Lokomotivbaus in Hamburg Hbf. Vor der Kulisse des Hauptbahnpostamts („Hühnerposten") werden am Morgen des 9. August 1934 Vertreterinnen der Achsfolge 2'C mit zwei, drei und vier Zylindern in der Ausfahrgruppe nach Lübeck und Berlin zur Abfahrt vorbereitet. Rechts Lok 24 der Lübeck-Büchener Eisenbahn (LBE) vor D 17 nach Warnemünde mit Fähr-Kurswagen nach Kopenhagen. Am Bahnsteig gegenüber Lok 38 337x (letzte Ziffer verdeckt) als Vorspann der 17 1198, vor D 3 nach Berlin. Ganz links setzt LBE Lok 14 oder 15 um.

Ulrich Fuhrmeister/FDE

Hamburgs Hauptbahnhof, vermutlich auch während der Pandemie der meistfrequentierte Bahnhof Deutschlands, operiert an seiner Kapazitätsgrenze. Pünktlich trifft 411 090 am 21. April 2021 als ICE 1606 aus Leipzig (über Berlin) ein, während im Hintergrund RE 13009 nach Büchen ausfährt. Längst ist aus der Betriebsamkeit des „Hühnerpostens" die eines Parkhauses geworden.

Robin Garn

1841 – 1900

Von früher Globalisierung und dem Siegeszug der Eisenbahn zwischen Alster und Spree

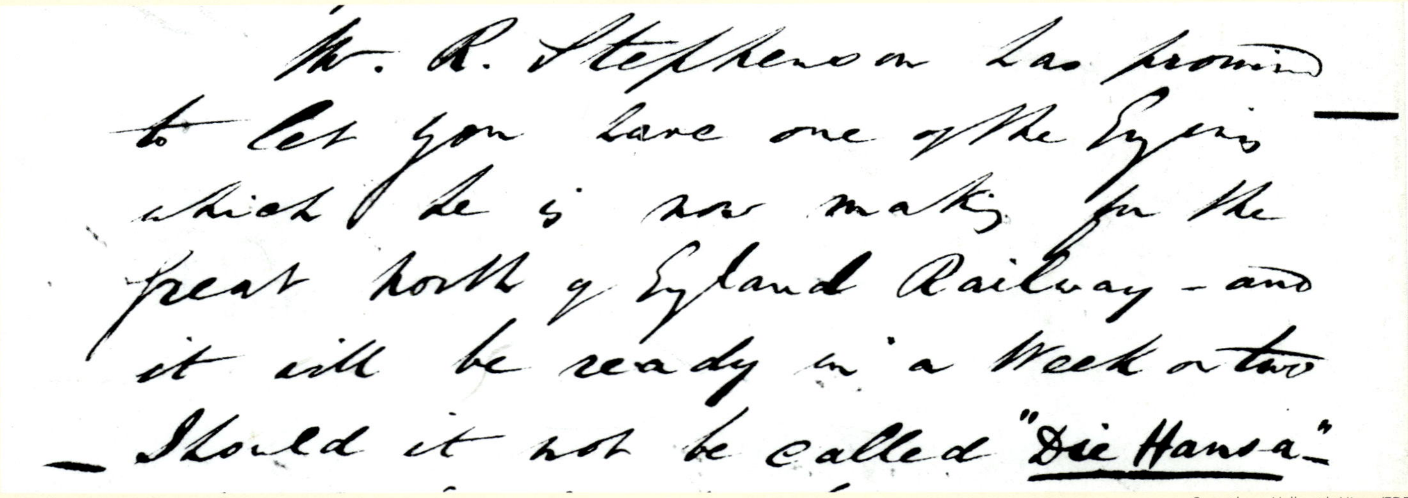
Mr. R. Stephenson has promised
to let you have one of the Engines —
which he is now making for the
Great North of England Railway - and
it will be ready in a Week or two
— Should it not be called "Die Hansa"

Sammlung Hellmuth Hinze/FDE

Wikimedia

William Lindley (1808-1900), hier auf einer Fotografie von 1879, lebte mehr als drei Jahrzehnte in Hamburg. Der Ingenieur aus London bahnte den Kontakt zum weltweit führenden Lokomotivbauer an. Oben sein Schreiben vom 5. Oktober 1841 an die Gründer der Hamburg-Bergedorfer Eisenbahn Gesellschaft.

Die Handschrift war ausgeprägt, mit Tintenklecksen gesprenkelt – und in Englisch. Ein Dampfschiff mit Hilfsbesegelung beförderte William Lindleys Brief vom 5. Oktober 1841. Nach drei Tagen öffneten ihn die Direktoren der Hamburg-Bergedorfer Eisenbahn Gesellschaft. Der Ingenieur aus London kündigte an: „Ich komme rüber mit dem nächsten Dampfboot. Ich bringe dann die Bauzeichnungen für den Lokschuppen mit allen Angaben der Materialmengen und deren Kosten mit. Mr. R. Stephenson verspricht Ihnen eine Maschine zu überlassen, welche er gerade für die Great North of England macht – und sie sollte in einer oder zwei Wochen fertig sein. Sollte sie nicht Die Hansa heißen. Die Kosten werden Pfund 1500 betragen, ab Schiff in Newcastle."

Schwer zu sagen, was 1500 Pfund Sterling von 1841 heute (Frühjahr 2021) in Euro wert sind. Je nach Bemessungsgrundlage zwischen 149.000 (Einzelhandelspreisindex) und 1.346.000 (Durchschnittseinkommen). Jedenfalls griffen die Hamburger Direktoren zu und orderten eine Lokomotive bei der ersten Adresse auf der Welt dafür. Die Stephenson'sche Lokomotivfabrik ging aus einem Ingenieurbüro hervor, das George Stephenson mit seinem Sohn Robert 1823 in Newcastle-upon-Tyne gegründet hatte. Indem ihre *ROCKET* 1829 als Sieger im Rennen von Rainhill hervorging, einem Wettbewerb zur Ermittlung einer geeigneten Lokomotive, stand der Name Stephenson als Pate für die moderne Eisenbahn.

Mit der Fabriknummer 327 und in der üblichen Achsfolge 1A1 verließ also am 9. November 1841 die *HANSA* getaufte Lok die Lokschmiede in der Forth Street von Newcastle in Richtung Hafen und Hamburg. Ihr folgten drei Maschinen (und ihre separaten Tender) am 4. April (*BERLIN* und *HANNOVER*) bzw. 23. Mai 1842 (*MAGDEBURG*).

Hamburgs erste Eisenbahn ins 16 Kilometer entfernte Bergedorf sollte am 7. Mai 1842 eröffnet werden. Doch zwei Tage zuvor brach ein verheerendes Feuer in Hamburg aus, das tagelang wütete und große Teile der Altstadt vernichtete. Anstelle von Jubel, Girlanden und Tschingderassa, befrackten Ehrenmännern, herausgeputzten Kindern und Spalier stehenden Ehrenjungfrauen, evakuierten *HANSA* und Co. die Menschen aus der brennenden Stadt und führten die Feuerwehren aus Lauenburg, Geesthacht und Bergedorf heran. Die neue Eisenbahn bestand also „vor Plan" im wahrsten Sinne ihre Feuertaufe. Ihren planmäßigen Betrieb nahm sie dann am 17. Mai ohne Feierlichkeiten auf.

Davon unabhängig verstand sich die Bahngesellschaft als Keimzelle von etwas wesentlich Größeren: dem eisernen Schienenweg zwischen den beiden schon damals mit Abstand größten Städten Deutschlands. Am 15. Dezember 1846 sollte es soweit sein. Welche Etappen führten dorthin?

Lindley. Guter Draht nach England

Bedingt durch Hafen und Handel blickte Hamburg bereits auf langjährige Beziehungen zum Vereinigten Königreich, nunmehr dem Mutterland der Industrialisierung und Exerzierfeld des Kapitalismus. Die Bande waren so eng – dem Vernehmen eines zeitgenössischen Zeitungsartikels nach –, dass Hamburg der Ruf vorauseilte, die anglophilste Stadt des Kontinents zu sein: „Man spricht englisch, man ist englisch gekleidet, man

Sammlung FDE

Mit Liebe zum Detail: der Prägedruck als Briefkopf für die Korrespondenzen der Berlin-Hamburger Eisenbahn Gesellschaft (BHE).

Lists Entwurf für ein deutsches Eisenbahnnetz von 1833, darin auch die Linienführung Berlin – Hamburg, wurde binnen weniger Jahrzehnte realisiert.

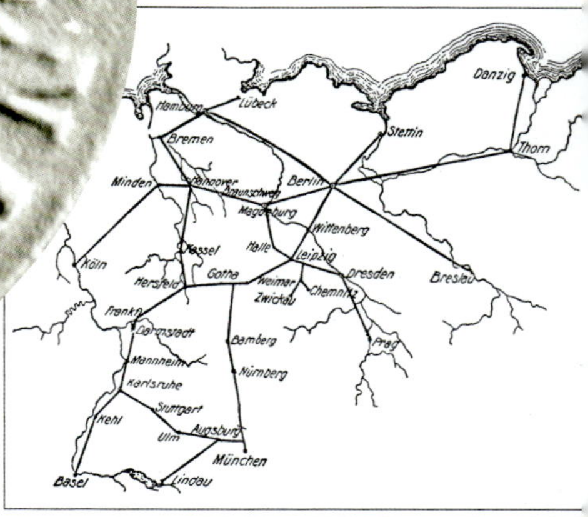

Slg. Robin Garn

gähnt und flucht englisch…“. William Lindley gebührte in dieser Tradition ein Ehrenplatz. Er wirkte über das Eisenbahnwesen hinaus 25 Jahre in Hamburg. Auf ihn gehen das Trinkwasser-, das Abwasser- und das Gasleitungssystem zurück, sowie Teile der Stadt- und Hafenerweiterung.

List. Ein deutscher Visionär

Am Anfang der deutschen Eisenbahngeschichte stand freilich ein Visionär und seine wie mit dem Lineal gezogenen Striche. Friedrich List (1789–1846) skizzierte als Erster auf einer Karte ein deutsches Eisenbahnnetz von der Ostsee zum Bodensee, mit Berlin als größten Bahnknoten, von dem sechs Linien strahlenförmig in andere Teile des Landes führten, darunter nördlich von Havel und Elbe die direkte nach Hamburg. Seine Denkschrift über ein deutsches Eisenbahnsystem ließ er 1833 als Broschüre in hoher Auflage kostenlos verteilen. List dachte nationalökonomisch, hob die Eisenbahn als Transportmittel und Bindeglied hervor, um Deutschland frei von Zollschranken und anderen Hemmnissen der Kleinstaaterei – geschweige denn der Maße, Gewichte, Währungen und Uhrzeiten im Lande – aus seiner lähmenden Rückständigkeit zu hieven. Zuvor arbeitete und publizierte er in seinem achtjährigen Exil in den USA mit führenden Wirtschaftstheoretikern (wie Alexander Hamilton). US-Präsident Andrew Jackson verlieh List 1830 die Staatsbürgerschaft. Zurück in Deutschland beantragte List mit einigen Partnern in Berlin und im Hamburger Senat im Juni 1835 die Konzession für eine Eisenbahn Hamburg nach Berlin und nach Magdeburg – Leipzig. Nachdem die preußische Regierung den Antrag als nicht ausreichend begründet ablehnte, unter vorgehaltener Hand eine zu starke englische Beteiligung fürchtete, zog sich List zurück. Zwei weitere Anträge fanden 1836 ebenso wenig Anklang im Berliner Staatsministerium für Handel, Fabrikation und Bauwesen. Zu groß war das Misstrauen gegenüber den anderen von Berlin nach Hamburg zu durchquerenden Staaten, zu drohend die Einbußen der Elbschifffahrt und des Postkutschen-Verkehrs.

Trotz seiner großen Verdienste (etwa auch als Initiator der ersten sächsischen bzw. deutschen Fernbahn Dresden – Leipzig 1839) blieben Lists Träume von einer leitenden Position im deutschen Eisenbahnwesen unerfüllt. Mit seinen Vorstellungen fand im Kreis der damaligen Entscheider kaum Aufnahme, vermutlich deshalb, weil sie ihn als nicht vom Stande erachteten. Auf einer Reise nach Tirol beging er in Kufstein mit einer siebenzölligen Reisepistole Selbstmord – 15 Tage vor Eröffnung der Berlin-Hamburger Eisenbahn.

Wikimedia

Friedrich List (1789 – 1846) war Nationalökonom, Diplomat und namhafter Vorkämpfer des deutschen Eisenbahnwesens. Eine 2019 gegründete und nach ihm benannte Gesellschaft tritt für eine liberale, nationalstaatlich organisierte Wirtschaftsordnung ein.

Preußen. Ein Regelwerk

Am 29. Oktober 1838 dampfte die erste Eisenbahn Preußens auf der Strecke Berlin – Potsdam. Dabei war der König zunächst skeptisch: „Kann mir keine große Seligkeit davon versprechen, ein paar Stunden früher von Berlin in Potsdam zu sein“, grummelte Friedrich Wilhelm III. Sein Thronfolger, Friedrich Wilhelm IV (ab 1840), hingegen erkannte die Zeichen der Zeit und hinterließ einen denkwürdigen Ausspruch. Der 43-Jährige jubelte nach der – angeblich sogar auf der Lok absolvierten – Jungfernfahrt: „Diesen Karren, der durch die Welt rollt, hält kein Menschenarm mehr auf.“

Sammlung Radke

Sammlung Peter Bley

Kolorierte Kupferstiche, zeigen den Berliner Bahnhof in Hamburg um 1850 (li.) und den Hamburger Bahnhof in Berlin um 1855; rechts vor dem Gebäude befindet sich eine 1A1-Lok auf der Drehscheibe. Auf beiden Kopfbahnhöfen waren üblicherweise alle Funktionen nach Ankunft und Abfahrt getrennt – die rechte Seite diente der Abfahrt, die linke der Ankunft. Und nur solche großen Bahnhöfe besaßen auch eine überdachte Bahnsteighalle – anfangs aus Holz, später aus Eisen. Die Toiletten – Retiraden genannt und zunächst noch ohne Anschluss an die Kanalisation – befanden sich meist in gesonderten Gebäuden oder Anbauten.

Sammlung Radke

Friedrich Neuhaus (1797-1876) brachte ebenfalls Erfahrungen aus dem Ausland mit. Er war Betriebsleiter, Direktor und Architekt der BHE.

Vier Tage danach unterzeichnete Friedrich Wilhelm III. das Preußische Eisenbahngesetz. Paragraph 1 sieht die Bildung von Eisenbahngesellschaften als private Aktiengesellschaften vor und regelt die Aufbringung und Mindestanforderungen an das nachzuweisende Kapital. Der Staat behielt sich in § 42 vor, die Gesellschaft nach Ablauf von 30 Jahren ab Betriebsaufnahme aufzukaufen. Das Gesetz schließt mit § 49 und dem Vorbehalt von Abänderungen oder Ergänzungen, „nach Maßgabe der weiteren Erfahrung und der sich daraus ergebenen Bedürfnisse."

Dieses Regelwerk – einzig, einfach und klar – löste einen regelrechten Boom aus. Nach der Potsdamer (1841 in die Magdeburger verlängert), Anhalter (1842), Stettiner (1843) und Frankfurt-Niederschlesischen (1844/45) trat 1846 mit der Hamburger Bahn die fünfte Hauptlinie samt Kopfbahnhof innerhalb von nur sechs Jahren ins Berliner Stadtbild.

Willige Hoheiten. Biegsame Linienführung

Wenn nicht nur private Gesellschaften und deren Aktionäre, sondern der „Flickenteppich" getaufte Wirrwarr aus Staaten und Herrscherhäuser eifersüchtig die Absichten konkurrierender Nachbarn verfolgen, wer wem mit neuen Eisenbahnlinien Verkehrsvolumen und Bedeutungen abgraben könnte, dann kommt die hohe Diplomatie ins Spiel. Hamburg – Berlin per Schiene zu verbinden, hieß fünf Territorialherren und ihre Eitelkeiten zum Zuge zu bitten. Das hatte es noch nicht gegeben: Auf den ersten rund 20 Kilometern einigten sich die freien Hansestädte Hamburg und Lübeck, da Bergedorf unter ihrer beider Verwaltung stand. Die bei Reinbek beginnenden und bis hinter Büchen reichenden Herzogtümer Holstein und Lauenburg (rd. 30 Streckenkilometer) standen unter der Herrschaft des dänischen Königs. Großherzoglich Mecklenburg erstreckte sich im weiteren Verlauf über 81 Kilometer, bis kurz vor Klein Warnow Brandenburg im Königreich Preußen erreicht und bis Berlin (155 km) durchfahren wurde. Sonderwünsche der Beteiligten in Bezug auf den Linienverlauf mussten ausgelotet, hingenommen, abgegolten werden.

Preußen präzisierte das „Durch-die-Prignitz" insofern, als dass man Wittenberge gegenüber Perleberg bevorzugte. Umschlagmöglichkeiten zur Elbschifffahrt, der avisierte Brückenschlag in Richtung Magdeburg und erste Fabriken (wie die Ölmühle) wogen verkehrsgeographisch schwerer als die 1838 fertiggestellte und durch Perleberg führende Chaussee Berlin – Hamburg: Ein Beispiel, wie sich mit dem Einzug der Eisenbahn die Rangordnung der Städte in einer Provinz änderte.

Um dem mecklenburgischen Großherzog Friedrich Franz II. (1823 – 1883) entgegenzukommen, verschob man die Trasse westlich von Wittenberge nach Norden, um die Residenzstadt Schwerin, wenn nicht wie zunächst direkt, so doch über eine Verbindungsstrecke mit Hagenow nah genug an die Hauptbahn zu ziehen (am 28.4.1847 eröffnet). Im Gegenzug beteiligte sich Mecklenburg mit dem Kauf von Aktien an der Bahngesellschaft.

König Christian VIII. von Dänemark (1786–1848), selber mit dem Bau der Eisenbahn Altona – Kiel befasst, baute die größte Hürde auf. Seiner Forderung nachzugeben, nämlich die Bahn über Lauenburg zu führen, wäre teuer geworden. Die Überwindung des hier steilen Geestrückens hätte immense Erdarbeiten und Kunstbauten erfordert – für eine Flachlandverbindung absolut widersinnig. Die Verhandlungspartner ersannen ein seltsames Konstrukt: die Berlin-Hamburger Eisenbahn (BHE) behält ihre Wunschtrasse und legt von Büchen aus eine Zweigstrecke nach Süden bis Lauenburg, welche den Einwohnern der Stadt kostenlos zur Verfügung zu stehen hatte. Dieser als „Lauenburger Privileg" bekannt gewordene Deal galt übrigens bis 1937.

Am 8. November 1841 wurde unterzeichnet, was fünf Jahre zuvor sich niemand zu träumen gewagt hatte: der „Vertrag zwischen Preußen, Dänemark, Mecklenburg-Schwerin und den Senaten der freien und Hansestädte Lübeck und Hamburg, die Herstellung einer Eisenbahn-Verbindung zwischen Berlin und Hamburg betreffend". Schon im Dezember 1842 waren die Projektierungs- und Vorarbeiten abgeschlossen. Zur „Constituirung" der Berlin-Hamburger Eisenbahn-Gesell-

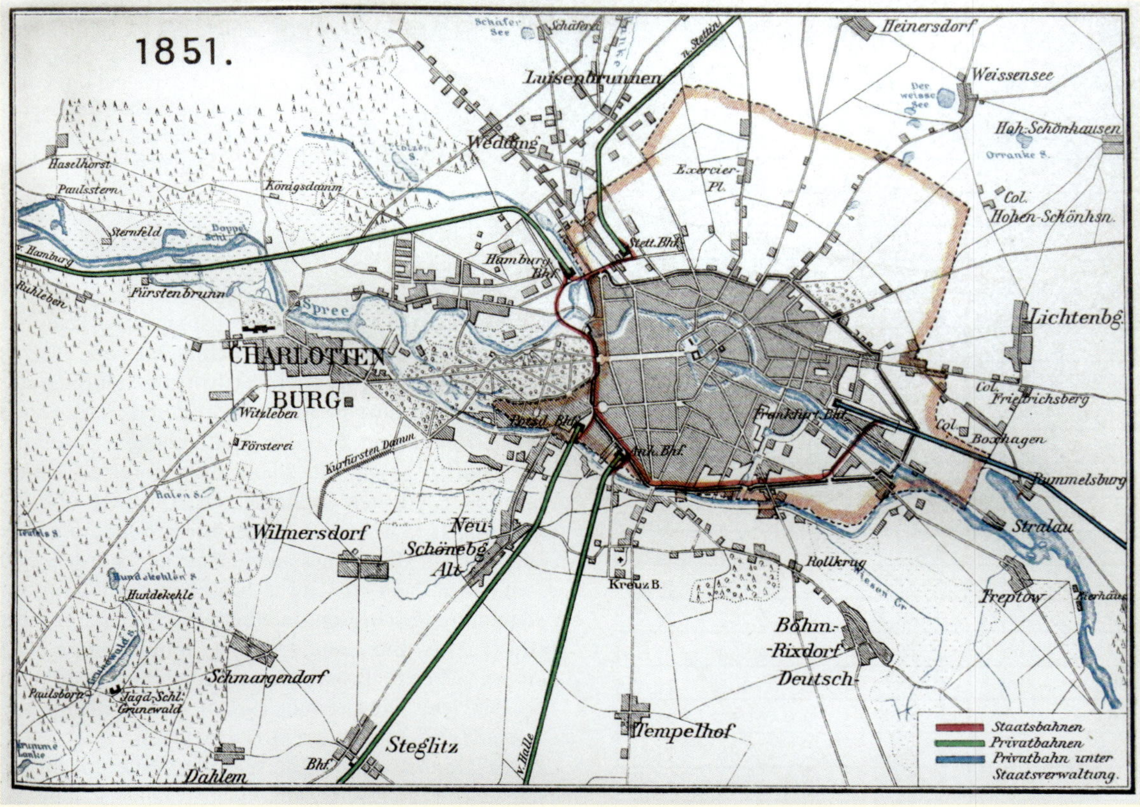

Vor den Stadtmauern Berlins entstanden innerhalb von acht Jahren (1838 – 1846) fünf Kopfbahnhöfe nebst dazugehörigen Anlagen. (Verkneifen Sie es sich bitte, an den neuen Flughafen zu denken.) Interessant ist hier die 1851 von Staatswegen angelegte Verbindungsbahn (rot markiert) zwischen den einzelnen Endstationen der Gesellschaften. Auch wenn alles ebenerdig angelegt und mit dem Wachsen der Stadt alsbald hinderlich wurde: Das Umschlagsgeschäft zwischen den Bahnen profitierte davon. Die BHE etablierte Güterwagenläufe von Hamburg über Berlin besonders in Richtung Schlesien.

Sammlung Robin Garn (2)

schaft versammelten sich die Anteilseigner am 27. Juli 1843 in Ludwigslust.

Aus der List'schen Idealgeraden zwischen den beiden Großstädten war eine Schlangenlinie geworden. Und wir regen uns heute manchmal auf, wenn die Politik vermeintlich blöde Forderungen bei Neubauten durchsetzt. Man nehme nur die Schnellstrecke Köln – Frankfurt (M). Der Unterwegsbahnhof Siegburg liegt in Nordrhein-Westfalen, der Unterwegsbahnhof Montabaur in Rheinland-Pfalz und der Unterwegsbahnhof Limburg Süd in Hessen. Vom Flickenteppich zum Föderalismus …

Neuhaus. Bahnbauer, Architekt und Betriebsleiter

Ungewöhnlich erscheint heute, die Leitung des Bahnbaus, die Architektur der Hochbauten und – nach Fertigstellung – auch noch die Betriebsführung einer großen Bahn wie der BHE in einer Person zu vereinen. Ehe Friedrich Neuhaus zum Königlich Preußischen Oberwege-Inspektor avancierte, studierte er das Bahnwesen in England und Belgien. Anschließend stieg Neuhaus aus dem Staatsdienst aus, leitete den Bau der Strecke Berlin – Stettin (1840-1843) und ließ sich zum Lokomotivführer ausbilden. Nahezu übergangslos entwarf er für die BHE eine Trassenführung mit Krümmungsradien von nicht unter 1.250 m und pro Fahrtrichtung nur mit einer, für das Lokomotivpersonal spürbaren Steigung; bei maximalem Neigungsverhältnis von 1:300 zwischen Bergedorf und Büchen mit dem Scheitelpunkt in Schwarzenbek.

Das allgemeine Mitteilungsbedürfnis erwachte mit der Einführung von Ansichtskarten gegen Ende des 19. Jahrhunderts. Bahnhöfe waren Häufigkeitsmotive. Der von Hagenow-Land ist hier aus der Frühzeit der BHE nachempfunden, zusammen mit der Post (am Bahnhof), der Bahnhofsstraße und der Höheren Töchterschule.

Von den ersten Spatenstichen, am 6. Mai 1844 in der Nähe von Karstädt und Ludwigslust, bis zur Eröffnung der Gesamtstrecke vergingen zwei Jahre, neun Monate und sechs Tage. Bis zu 10.000 Menschen waren in Spitzenzeiten mit dem Bau beschäftigt, darunter an den Hochbauten allein 1.200 Maurer und Zimmerer.

22 Bahnhöfe im einheitlich spätklassizistischen Baustil errichtete die BHE 1846/49 in Berlin Moabit und zwischen den Endpunkten in Spandau, Nauen, Paulinenaue, Friesack, Neustadt (Dosse), Zernitz, Glöwen, Wilsnack, Wittenberge, Wendisch Warnow,

Zusammenstellung der von der BHE einzeln geleisteten Lok-Laufkilometer im Jahre 1848

Name	Achsfolge	Planzüge	Extrazüge	Vorspann	Leerfahrt	Bauzüge	Summe
HANSA	1A1	16	200	1.943	1.352	7.439	10.950
BERLIN	1A1	3.369	63	764	506	0	4.702
MAGDEBURG	1A1	1.244	549	1.529	1.643	77	5.042
HANNOVER	1A1	2.767	45	23	72	610	3.517
CONCORDIA	1A1	20.544	890	3.416	2.257	226	27.333
JAMES WATT	1A1	16.024	416	3.239	2.726	1.315	23.720
NICLOT	1A1	3.033	302	8.470	5.914	2.436	20.155
UNDINE	1A1	8.010	543	3.532	2.636	384	15.105
LÜBECK	1A1	21.354	809	895	770	87	23.915
OBOTRITT	1A1	27.205	327	1.000	926	63	29.521
SCHWERIN	1A1	27.617	472	1.674	1.154	102	31.019
TRIEST	1A1	390	907	2.965	1.478	8.221	13.961
PONY	1A1	16	47	152	263	10.145	10.623
VORWÄRTS	1A1	127	447	6.488	4.273	5.202	16.537
ALEXANDRIA	1A1	12.771	386	2.116	1.837	4.504	21.614
ATALANTE	1A1	22.182	845	1.703	1.190	105	26.025
CERBERUS	1A1	182	0	7.808	5.152	8.211	21.353
GERMANIA	1A1	1.690	513	5.120	3.863	386	11.574
HAMMONIA	1A1	17.294	1.169	3.657	3.052	2.232	27.404
SIROCCO	1A1	12.059	113	1.319	844	4.747	19.082
PEGASUS	1A1	22.675	109	740	560	1.497	25.581
DIOSCUREN	1A1	35.707	699	1.695	1.434	1.160	40.695
BOREAS	1A1	33.399	820	1.414	1.052	1.004	37.689
SIRIUS	1A1	20.356	215	569	766	1.728	23.444
AUGUSTUS	1A1	28.518	209	1.529	1.244	2.161	33.661
FORTUNA	1A1	26.406	192	487	731	3.331	31.147
PLUTO	1A1	23.518	436	587	665	2.206	27.412
VANDALIA	1A1	27.385	467	1.054	794	2.340	32.040
HELIOS	1A1	33.512	0	1.559	1.373	1.126	37.570
GAZELLE	1A1	33.886	157	1.825	1.675	966	38.509
AMAZONE	1B	25.318	0	49	310	0	25.677
PROMETHEUS	1B	22.717	160	16	131	0	23.024
KOSMOS	1B	21.734	286	0	310	0	22.330
DANEBROG	1B	15.829	1.126	532	306	0	17.793
SALAMANDER	1B	30.680	330	0	380	192	31.582
LUCIFER	1B	20.802	401	275	617	0	22.095
BORUSSIA	1B	25.987	3.556	1.272	884	117	31.816
KUNOWSKY	1B	25.725	4.460	1.270	433	0	31.888
Summe		672.048	22.666	72.686	55.573	74.320	**897.105**
		(75 %)	(2,5 %)	(8 %)	(6,2 %)	(8,3 %)	(100 %)

Die höchsten Laufleistungen erzielte Lok *DIOSCUREN* (die Söhne des Zeus) vor *GAZELLE* und BOREAS (Gott des Nordwinds). Das Jahr 1848 war für die BHE, von politischen Unruhen und monetären Schwierigkeiten abgesehen, insofern ein arbeitsreiches, als dass sie zwischen Hagenow und Boizenburg den zweigleisigen Ausbau bewerkstelligte. Zur Vollendung des Gesamtvorhabens kam es 1866. Dahingehend lässt sich der hohe Anteil an Arbeitszügen deuten. Um Material heranzukarren, machte sich *PONY* am nützlichsten, gefolgt von *CERBERUS*. Bezeichnend: mit dem Höllenhund und Wächter der Unterwelt in der griechischen Mythologie bespannte man keinen einzigen Sonderzug. Lok *NICLOT*, benannt nach dem Fürst der slawischen Obotriten, leistete häufig Vorspann. Allein den phantasievollen Loknamen nachzugehen, erweitert unser Wissen. Bis 1860 verbot es Preußen, Personenzugloks mit Braun- oder Steinkohle zu beschicken. Koks (Importware) war Brennstoff erster Wahl.

Slg. Garn

Briefumschläge kannte man Mitte des 19. Jahrhunderts noch nicht. Behörden, Kommunen und Unternehmen falteten ihre Korrespondenzen und beklebten sie mit eigenen Siegelmarken.

Grabow, Ludwigslust, Hagenow, Pritzier, Brahlsdorf, Boizenburg, Büchen, Schwarzenbek, Friedrichsruh, Reinbek und Bergedorf. Da sie in hellem Putz ausgeführt wurden und nicht in der örtlich gängigen Backsteinarchitektur, wie sie sich eher an Schuppen und anderen den Nebengebäuden findet, stachen die Stationen aus ihrem Umfeld hervor. An den Größeren unter ihnen (Berlin Hamburger Bahnhof, Wittenberge, Hagenow) ließ Neuhaus zusätzliche Elemente wie Türme, Rundbögen oder Arkaden einfließen. Da Anbauten und Erweiterungen, in den 1860-1880er Jahren vorgenommen, stilistisch den Ursprungsbauten angepasst wurden, fällt es im Nachhinein oft schwer, Altes von Nicht-ganz-so-Altem zu unterscheiden. In einer vom Ministerium für Infrastruktur und Raumordnung Brandenburgs 2006 herausgegebenen Broschüre schreibt die Historikerin Elke Dittrich: „Die Gebäude wirken wie aus einem Guss – auch das ist ein Zeichen ihrer Qualität."

Der Bahnbau wurde einerseits von Neuerungen und Weitsicht, andererseits von Rücksichtslosigkeiten geprägt. Für die Gesamtstrecke mussten 7 Mio. Kubikmeter Erde bewegt, 300 Brücken und Durchlässe errichtet werden. Die Schienen kamen aus England, die Tonne frei Hamburg zu 287,5 Mark in Hamburgischer Münze (heutiger Gegenwert ca. 2.200 Euro). Von Anbeginn legte Neuhaus den Bahnkörper für eine zweigleisige Strecke an. Erstmalig hatte man die Schienenstöße mit Laschen verbunden und die Holzschwellen mit Kupfervitriol imprägniert, damit sie nicht so schnell verfaulten. Die Erteilung einer Konzession für jeden Bauabschnitt ging mit Enteignungsrechten einher. Durch die Forcierung des Bautempos kam es im Sachsenwald zu Arbeitsunfällen. Proteste der Arbeiter wurden unter Androhung militärischer Gewalt niedergehalten. Es musste schnell gehen. Investoren, Techniker und Weitgereiste ahnten, dass die Dampfeisenbahn die Verhältnisse von Raum und Zeit ändern wird. Entscheidend war jetzt nicht mehr die Entfernung schlechthin, sondern nur noch die zur nächsten Bahnstation.

Abfahrt 1846

Dass Lok *PEGASUS*, benannt nach dem geflügelten Ross der griechischen Sage, am 7. Oktober 1846 den ersten Probezug von Berlin nach Boizenburg fuhr, mag hintersinnig gewesen sein. Am 12. Dezember 1846 dampfte der erste Zug auf der Gesamtstrecke Berlin – Hamburg mit den Angehörigen der Direktion, Investoren und Honoratioren beteiligter Staaten. Daran knüpfte, in Hamburg angekommen, ein Festmahl im Hôtel d'Europe an.

Drei Tage später nahm die BHE ihren Regelverkehr auf. Die Sensation äußerte sich allein in dem Gefühl, dass sich Preußens Hauptstadt und Deutschlands größte Handels- und Hafenstadt seit diesen Tagen einander zu nahen Nachbarstädten geworden seien. Der blanke Fortschritt maß sich darin, dass man die Wahl hatte, die Distanz Berlin – Hamburg entweder in 41 Stunden in einer Personenpostkutsche oder in neun Stunden im Personenzug zu überwinden: zum annähernd gleichen Fahrpreis von 7½-8 Thalern (entspricht im historischen Kaufkraftvergleich zu heute etwa 150 €). Selbst wenn es noch die Schnellpostkutsche gab (31½ Stunden, 14 Thaler): der preußische Generalpostmeister wusste, warum er sich von Anbeginn als einer der größten Bremser des Eisenbahnwesens positionierte. Seine Post war nämlich die erste Institution, deren Verlagerung auf die Schiene sich anbot. Dennoch: erst 1878 reisten mehr Deutsche mit der Eisenbahn als mit der Postkutsche, dann erst ertönte das Horn des Postillons weniger oft als das Pfeifen der Dampflokomotive.

Der Verkehr auf der BHE entwickelte sich im Großen und Ganzen formidabel. Manchmal musste „Vater Staat" (Preußen) auch nachhelfen. Theoretisch konnte Weihnachten vor 175 Jahren der Privilegierte von Kiel – abgesehen von kurzen innerstädtischen Lücken in Hamburg und Berlin – bis Ratibor mit der Eisenbahn reisen. Diese Interfunktionalität griff die preußische Staatsregierung früh auf und erhob 1848 die energische Bitte an die Gesellschaften, ihre Fahrpläne in Berlin besser aufeinander abzustimmen – allen voran in der Relation Hamburg – Breslau (der zeitweilig zweitgrößten Stadt Preußens).

Wie sah es im Güterverkehr aus? Frachten am lebhaft ansteigenden Verkehr unter Mitbenutzung einer zweiten fremden Gesellschaft zu versenden galt allein wegen der verwickelten Betriebsabrechnungen als undurchführbar. Systemische Vereinfachungen, wie der Wegfall einiger Zollformalitäten und gegenseitige Verrechnungen von Tonnagen und Achskilometern, führten dazu, dass Berlin (1851) und Hamburg (1866) Verbindungsbahnen zwischen den Endbahnhöfen anlegten. Sie erleichterten den Weitertransport der Güter innerhalb der Großstädte entscheidend. Schon 1848 bestand seitens der BHE in Berlin ein Übergangsverkehr besonders zur Niederschlesisch-Märkischen Eisenbahn mit einem Volumen von 8893 t. Wichtig in diesem Zusammenhang: Die Zufuhr oberschlesischer Steinkohle für die Lokomotivfeuerung der BHE löste den Import des bis dato dafür verwendeten britischen Brennstoffs („coaks") ab. Eine direkte Bahnverbindung zu den Zechen des Ruhrgebiets gab es erst später.

Gehandicapt in ihrer plötzlich so empfundenen Langsamkeit, aber auch durch Eisgang, Hochwasser oder dürrebedingtem Niedrigwasser, gehörte auch die Elbschifffahrt ab Mitte der 1850er Jahre zu den Verlierern unter den Verkehrsträgern. Im Güterumschlag machte die Schiene dem Wasser hauptsächlich Baumwolle, Wein, Gewürze, Kaffee, Tabak und Rohzucker abspenstig. Im Export, quasi im Gegenzug, fuhren ab 1860 regelmäßig Viehzüge auf der BHE in Richtung Hamburg, um nach England verschifft zu werden.

Zurück zum Personenverkehr: Als es um die Frage der Nachtzüge ging, verfuhr Preußen gegenüber der BHE geradezu schneidig: Unter dem primären Vorwand der Postbeförderung sollten sie eingeführt werden – für

Slg. Ernst-Günter Lichte

Billet für die einfache Fahrt Berlin – Hamburg in der 2. Wagenklasse an einem 7. April in den 1870er Jahren. Die Fahrzeit dürfte etwa 5 1/2 Stunden betragen haben. Laut historischem Kaufkraftvergleich entsprächen damalige 17,20 M etwa 144 €.

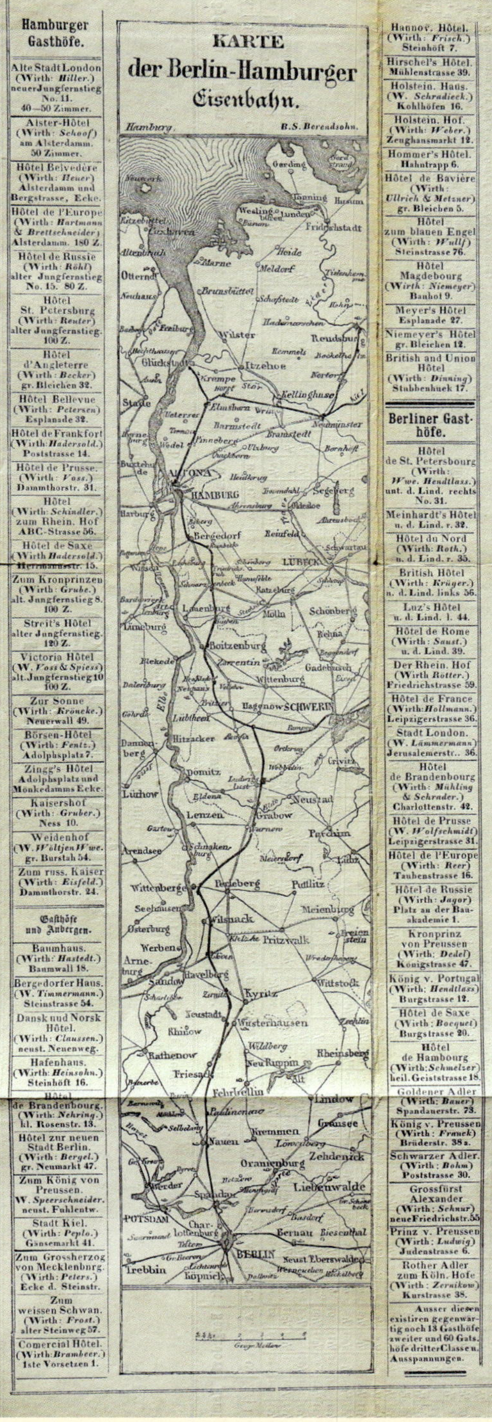

FAHRPLAN

für die regelmäßigen Dampfwagenzüge auf der Berlin-Hamburger Eisenbahn.

Bis auf Weiteres.

Richtung nach Hamburg.

Abgang von	1. Erster Personenzug nach Hamburg.	2. Zweiter Personenzug nach Hamburg.	3. Zwischenzug von Berlin nach Wittenberge, von Wittenberge nach Hamburg.	4. Güterzug nach Hamburg.
Berlin	Morgens 7 Uhr	Nachmitt. 2¼ Uhr	Nachmitt. 5½ Uhr	Morgens 6 Uhr
Spandau	7¼ "	2½ "	5¾ "	6¼ "
Nauen	7¾ "	3 "	6¼ "	7 "
Paulinenaue	8 "	3¼ "	Abends 6¾ Uhr	7½ "
Friesack	8½ "	3¾ "	7¼ "	8¾ "
Neustadt a. D.	9 "	4 "	7½ "	9¼ "
Zernitz	9¼ "	4¼ "	7¾ "	9½ "
Glöwen	9¾ "	5 "	8¼ "	10 "
Wilsnack	10 "	5¼ "	8¾ " Ankunft in Wittenberge 9¼à9¾ U.	10½ "
Wittenberge	10½ "	5½ "	Abgang Morgens 6¼ Uhr	Nachmitt. 12½ Uhr
Grabow	11¼ "	Abends 6½ Uhr	7¼ "	1½ "
Ludwigslust	11½ "	6¾ "	7½ "	1¾ "
Hagenow	Mittags 12 Uhr	7½ "	8 "	2¾ "
Brahlsdorf	Nachmitt. 12½ Uhr	8 "	8½ "	3½ "
Boitzenburg	12¾ "	8¼ "	9¼ "	4 "
Büchen	1¼ "	8¾ "	9½ "	4½ "
Schwarzenbeck	1½ "	9¼ "	9¾ "	5½ "
Friedrichsruh	1¾ "	9½ "	10¼ "	6 "
Reinbeck	2 "	9¾ "	10½ "	Abends 6¼ Uhr
Bergedorf	2¼ "	10 "	10¾ "	6½ "
Ankunft in Hamburg	3à3½ Uhr Nachmitt.	10½à11 U. Abends.	11à11½ U. Morgens.	6¾à7¼ U. Abends.

Richtung nach Berlin.

Abgang von	5. Erster Personenzug nach Berlin.	6. Zweiter Personenzug nach Berlin.	7. Zwischenzug von Hamburg nach Wittenberge, von Wittenberge nach Berlin.	8. Güterzug nach Berlin.
Hamburg	Morgens 7½ Uhr	Mittags 12 Uhr	Nachmitt. 4½ Uhr	Morgens 6 Uhr
Bergedorf	7¾ "	Nachmitt. 12¼ Uhr	4¾ "	6¼ "
Reinbeck	8 "	12½ "	5 "	6½ "
Friedrichsruh	8¼ "	12¾ "	5¼ "	6¾ "
Schwarzenbeck	8¾ "	1 "	5½ "	7 "
Büchen	9 "	1¼ "	5¾ "	7½ "
Boitzenburg	9½ "	1¾ "	Abends 6¼ Uhr	8 "
Brahlsdorf	9¾ "	2 "	6¾ "	9 "
Hagenow	10¼ "	2¾ "	7¼ "	9½ "
Ludwigslust	11 "	3¼ "	8 "	10¼ "
Grabow	11¼ "	3½ "	8½ " Ankunft in Wittenberge 9¼à9¾U.	10½ "
Wittenberge	Nachmitt. 12½ Uhr	4½ "	Abgang Morgens 6¼ Uhr	Nachmitt. 12¾ Uhr
Wilsnack	1 "	4¾ "	6¾ "	1 "
Glöwen	1¼ "	5¼ "	7 "	1½ "
Zernitz	1¾ "	5¾ "	7¾ "	2 "
Neustadt a. D.	2 "	Abends 6 Uhr	8 "	2¼ "
Friesack	2¼ "	6½	8¾ "	2¾ "
Paulinenaue	2½ "	6¾ "	9 "	3¾ "
Nauen	3 "	7¼ "	9¼ "	4¼ "
Spandau	3½ "	7¾ "	10 "	Abends 6 Uhr
Ankunft in Berlin	4à4½ Uhr Nachmitt.	8¼à8½U. Abends.	10¼à10½ Uhr Morg.	6½à7 Uhr Abends.

Slg. Hellmuth Hinze/FDE

Original-Fahrplanblatt von 1853. Darauf sind erstmalig die (unter preußischem Druck) eingelegten Nachtzüge verzeichnet. Zunächst waren sie noch an eine Übernachtung in Wittenberge geknüpft. Der schnellste Zug benötigte siebeneinhalb Stunden.

Hamburgs erste Eisenbahnen

Hamburgs erstem Schienenstrang nach Bergedorf folgte am 18. September 1844 die Østersø Jernbane (König Christian VIII. Ostseebahn) Kiel – Altona. Nach der Vollendung der Strecke nach Berlin am 15. Dezember 1846 rückte die Hannoversche Staatsbahn von Lehrte über Celle nach Harburg vor. Erst 18 Jahre später eröffnete die Lübeck-Büchener Eisenbahn ihren Bahnhof. Lücken untereinander schlossen sich 1866 zu Altona und 1872 durch die Köln-Mindener Eisenbahn von Harburg aus über zwei Elbbrücken Richtung Hamburgs Stadtmitte. Dort entstand noch ein Bahnhof in enger Nachbarschaft; und zwar der bislang größte, erst Venloer, dann auch Pariser und schließlich Hannoverscher Bahnhof genannt. Die direkte Verbindung mit dem Westen brachte allerdings erst die Einweihung der Strecke Bremen – Harburg am 1. Juni 1874. Diese Informationen fügte Helmut Bombe, der Spezialist für „Alt-Preussische Bahnen“, seiner am 27. Juli 1946 gezeichneten Karte hinzu.

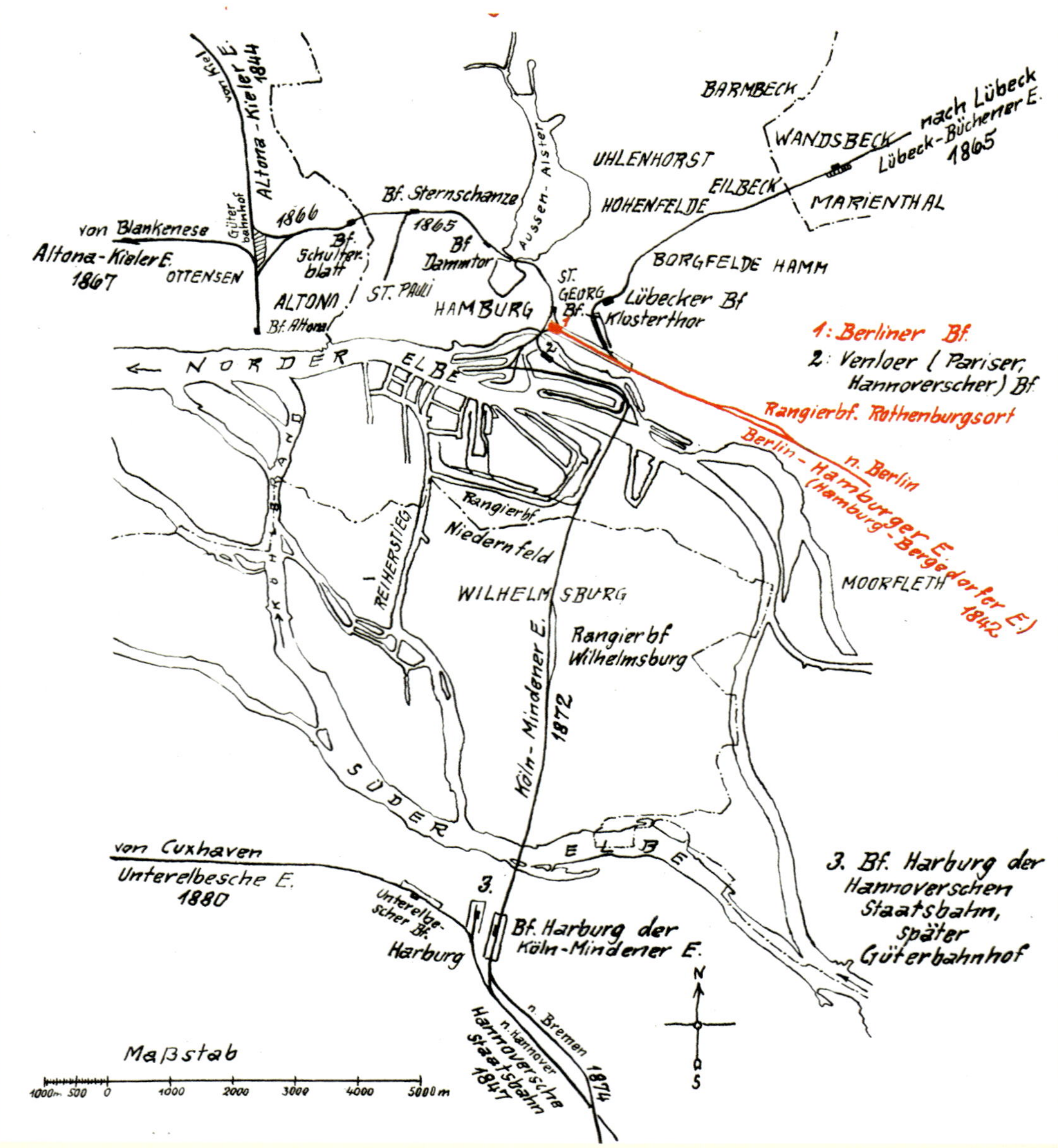

Sammlung Hellmuth Hinze/FDE

Blumen-Jette, die Stadtsilhouette und die Verbindungsbahn waren Motiv genug, einmal nicht mit dem Hafen aus Hamburg zu grüßen. Ein hingetupftes Züglein qualmt auf der Alsterbrücke.

Sammlung Robin Garn

Klassen und Tarife (1880)

Klasse	I	II	III	IV
Personenzug	8	6	4,4	2,2
Schnellzug	9,5	7	5,1	

In Pfennig pro Kilometer. Das entspräche, nach heutigem Wert, einer Bandbreite von 40 bis 172 Euro für eine einfache Fahrt Berlin – Hamburg.

2,20 Mark mehr berappte man 1893 im Vergleich zum Billet der Vorseite. Das Kürzel „St“ verrät: Züge verkehrten auch auf der Stadtbahn.

Slg. Ernst-Günter Lichte

Sammlung Hellmuth Hinze/FDE

Sammlung Robin Garn

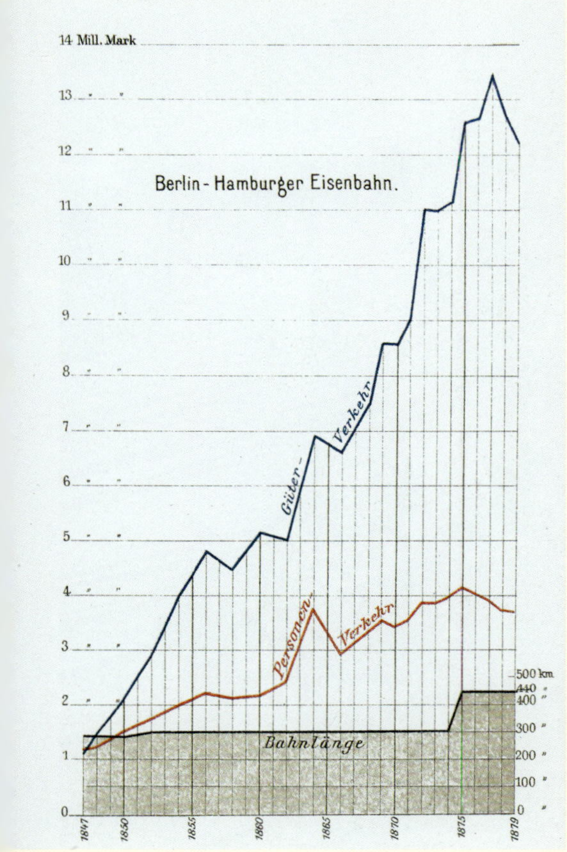

Erstes Foto von 1865: BHE-Lok 5 *DIOSCUREN*, aufgenommen bei Borsig, mit überhängendem Rundkuppel-Stehkessel. Treibraddurchmesser: 1.524 mm (5 engl. Fuß), Zylinderdurchmesser: 368 mm, Dampfdruck: 5,3 atm, Rostfläche: 1,47 m², Gesamtgewicht mit Tender (mit 7,8 m³ Wasservorrat): 50,9 t, größte Leistung: 235 PS.

Übersicht über die jährlichen Einnahmen aus dem Personen- und Güterverkehr: 1862 erfolgte ein Schub nach der Einführung der IV. Wagenklasse. 1864 bescherte der dänische Krieg der BHE hohe Einnahmen. Truppen (Preußen, Österreicher) wurde transportiert und verpflegt. Der Streckenzuwachs der BHE resultiert aus der Inbetriebnahme von Wittenberge – Hitzacker, mit der Elbbrücke von Dömitz (15. Dezember 1873), und weiter nach Buchholz mit Anschluss an die Strecke Hamburg – Bremen (31. Dezember 1874).

den Staat von Vorteil, für die Gesellschaft aus Kostengründen unvorteilhaft. Am 30. März 1852 beschloss der in Ludwigslust tagende Ausschuss der Bahn daher, keine Nachtzüge aufzunehmen. Preußen drohte erstens, sich fortan mit 100 Thalern für jeden nicht gefahrenen Nachtzug schadlos zu halten. Zweitens eröffneten die Ministeriellen in Berlin dem BHE-Direktorat, ihnen die Verwaltung des preußischen Teils der Bahn (155 km) abzunehmen, wenn nicht zum 15. April der Nachtverkehr eingerichtet werde. Als am 14. April 2.800 Thaler zwangsweise eingezogen wurden, brach der Widerstand. In Wirklichkeit erwiesen sich die Nachtzüge dann als sehr rentabel, zumal sie im Folgejahr wesentlich beschleunigt werden konnten.

Ein Sprung ins Dunkle für alle Eisenbahnverwaltungen war die Einführung der 4. Wagenklasse. Würde sie neues Publikum anziehen? Oder ein Abströmen der oberen Klassen in die untere nach sich ziehen? Den 1862 erfolgten Versuch hatte die BHE nicht bereut. Der Effekt der Deklassifikation blieb aus.

Zeit ihres Bestehens erwies sich die BHE als lukrative Anlage. In den späten 1870er- und frühen 1880er-Jahren bescherte sie ihren Anteilseignern eine erkleckliche Dividende im zweistelligen Bereich. In dieser Situation wurde die Gesellschaft – als letzte der großen, Berlin berührenden Privatbahnen – per Vertrag vom 29. März 1884 vom Preußischen Staat übernommen. Am Abend des 14. Oktober 1884 schloss der Hamburger Bahnhof in Berlin seine Pforten. Anschließend leitete man noch ei-

Archiv Fritz Schadow

Entwicklung des Lokomotivbestands der Berlin-Hamburger Eisenbahn

Jahr: Summe	Achsfolge (Zahl)
1846: 29	1A1 (26), 1B (3)
1856: 66	1A1 (36), 1B (30)
1866: 91	1A1 (40), 1B (38), B1 (8), B (5)
1876: 186	1A1 (45), 1B (62), B1 (44), B (3), C (12), B1t (20)
1883: 201	1A1 (40), 1B (66), B1 (48), B (3), C (12), B1t (20), Bt (4), 1Bt (8)

Generell stammte bereits Ende der 1840er Jahre die Mehrheit der Lokomotiven aus Deutschland, vornehmlich aus dem Hause Borsig. Dass lediglich ein Dutzend Dreikuppler im Fahrzeugpark stand, lag an der günstigen Linienführung der Strecke. Eigentlich genügten die B1-Maschinen der schwereren Bauart für den Güterverkehr. Die BHE-Lokomotiven trugen zwar Nummern; geläufig waren eher ihre Namen. Das alphabetische Verzeichnis umfasst 244 „getaufte" Stahlrösser von *ACHILLES* über *GLÖWEN*, *METEOR* und *MOSCAU*, *SACHSENWALD* und *SALAMANDER* bis *ZEUS*.

Als erste Tenderlokomotiven der BHE erschienen 1867 zwei B1 von Beyer-Peacock aus Manchester. Das Lokomotivbau-Unternehmen gründeten 1854 der aus Sachsen stammende Charles Beyer und Richard Peacock aus Yorkshire. Die mit Innenzylindern und Satteltender ganz im englischen Stil gehaltenen Loks waren für den Dienst im Hamburger Hafen bestimmt; und zwar auf der von der BHE gepachteten Sandthor-Quaibahn. Ihre Heizrohre bestanden aus Messing. Getauft wurden sie auf den Namen *ERICUS* **und** *GERHARDUS*.

Rechte Seite: **Auf geht's nach Berlin! Ausfahrender Schnellzug anno 1885 am Klostertor zu Hamburg. Schemenhaft ist die Halle des Berliner Bahnhofs im Hintergrund zu erkennen. Lok** *HERMES*, **eine schwere 1879 von Schwartzkopff gelieferte 1B (1.810 mm Treibraddurchmesser), passiert gerade das Lokschuppenareal vor dem Schleusenkanal. Rechts stehen an einer Rampe geflochtene Körbe mit Kohle bereit, um in Loktendern entleert zu werden. In rund fünf Stunden wird man in Berlin Lehrter Bahnhof einrollen.**

Gruppenbild von Männern und ihren Stahlrössern vor der hölzernen Bahnsteighalle des Berliner Bahnhofs in Hamburg (um 1880): links und mittig je eine 1'B-Lok von Borsig (1872-79, bzw.1852-62), rechts, eine 1'B der Altona-Kieler Eisenbahn (Hanomag 1866/67).

Sammlung Hellmuth Hinze/FDE

Sammlung Hellmuth Hinze/FDE

nige der ein- und ausfahrenden Hamburger Züge über die Stadtbahn zum Schlesischen Bahnhof, ehe der Gesamtverkehr im Lehrter Bahnhof seinen Berliner Fixpunkt fand. Ab April 1885 gehörten der Löwenanteil (250 km = 87%) der Hauptbahn Hamburg – Berlin zur Königlichen Eisenbahndirektion (KED) Altona. Davon ausgenommen war nur Abschnitt östlich von Berger Damm vor Nauen (37 km), der zur KED Berlin kam.

Ein Novembermorgen 1892. Von der Elbe her umwabert Nebel das Klosterthor in Hamburg. Im spärlichen Licht der Gaslaternen heben sich die Figuren in der Halle des Berliner Bahnhofs nur schemenhaft ab. Würziger Lokomotivenqualm verfängt sich im dunklen Holzgewölbe eines Baus, der sich wie eine riesige Scheune ausnimmt. Gefolgt von einem ächzenden Kofferträger steigt der Kolonialhändler in den D-Zug nach Berlin, sein Coupe 2. Klasse suchend. Als Hanseat ist er dezent, handelt „republikanisch" und trägt seinen Wohlstand nicht in der 1. Klasse zur Schau. Türen knallen, Rufe schallen, der Abfahrtspfiff gellt. Zischend und unter geöffneten Zylinderhähnen einer neuen S 3-Lokomotive der KPEV rollt der Train in den Morgendunst hinaus. Nur in etwas mehr als dreieinhalb Stunden wird er im Herzen Berlins eintreffen. Irgendwo unterwegs,

B1- Personenzuglok *ZERNITZ* der schwereren Bauart (Borsig 1876). Einige Angaben zu ihr: Zylinder-Durchmesser: 432 mm, Treibrad-Durchmesser: 1.520 mm, Dampfdruck: 10 atü, als *Altona 648* im Jahr 1896 ausgemustert.

Archiv Fritz Schadow

Archiv Fritz Schadow

Im Lehrter Bahnhof zu Berlin wurde der öffentliche Personenverkehr am 1. Dezember 1872 aufgenommen. In dieser Aufnahme von 1890 blicken wir in die 188 Meter lange und 39 Meter breite Halle von halbkreisförmigem Bogen. Eisenfachwerkbinden stützen das gewölbte Dach aus Zinkwellblechen. Zwischen zwei Seitenbahnsteigen und einem mittleren Perron liegen fünf Gleise. Seit dem 15. Oktober 1884 endeten und begannen hier alle Hamburger Züge.

vielleicht bei Brahlsdorf oder kurz vor Zernitz, begegnet dem Schnellzug ein Personenzug auf freier Strecke, in dessen Waggons der 4. Klasse Familien schlesischer Juden mit nicht viel mehr als ihren Schiffspassagen (Zwischendeck) einer neuen Welt entgegenfahren.

Zwischen 1880 und 1893 verließen rund zwei Millionen Deutsche ihre Heimat, um ihr Glück in der Ferne zu suchen. Die Häfen von Bremerhaven und Hamburg waren wichtige Durchgangsstationen. Um dorthin zu gelangen entstand in Berlin-Ruhleben ein baracken-ähnlicher Bahnhof als Auffanglager für Emigranten. In Stätten wie diesen wurden Geschichten des Wartesaals, der Hoffnung und der Verzweiflung geschrieben.

Vielleicht nahm der Hamburger Kaufmann oder der schlesische Auswanderer beim Halt in Neustadt (Dosse) einen aussteigenden Herren mit einem Skizzenblock unterm Arm wahr. Auf ihn wartete eine Pferdekutsche, in der er den Weg in die Rhinower Berge rund um Stölln zurücklegte. Dort beobachtete Otto Lilienthal zwischen 1887 und 1892 den Flug der Störche, um sich daran beim Bau seiner Fluggeräte zu orientieren. Dort stürzte der Flugpionier am 9. August 1896 aus 15 Meter Höhe plötzlich ab und verstarb an den Folgen.

Altona, seit dem siegreichen Krieg gegen Dänemark 1864 preußisch geworden, weihte am 30. Januar 1898 einen neuen und dem immens gestiegenen Verkehrsaufkommen angepassten Bahnhof ein. Seinem Empfangsgebäude aus Backstein im Stil der Neoromantik (heute auch preußische Festungsarchitektur genannt) schloss sich eine vier- alsbald fünfschiffige Halle an. Hier begannen und endeten alle Berliner Züge; Distanz zum Lehrter Bahnhof: 293,1 Kilometer. Um die bahnseitigen Geschicke der von hier aus gezählten 256,1 km kümmerten sich die Herren der KED Altona, dessen Gebäude am südlichen, elbseitigen Bahnhofsausgang unmittelbar Pate stand.

Sammlung Robin Garn

Der Staatsbahnhof von Neustadt (Dosse) in einer Ansicht um 1900. Hier zweigt die Strecke nach Pritzwalk/Meyenburg über Kyritz ab und es besteht, im Rücken des Betrachters, Anschluss an die Brandenburgische Städtebahn. Unter anderem stehen folgende Einrichtungen zur Verfügung: eine Gleiswaage (30 t), ein Staats-Telegraphen und Postamt, feste Rampen für Kopf- und Seitenverladung, zwei Hebekräne (1,25 und 5 t) – und die Wirtschaft des Otto Töteberg. In ihr mag Otto Lilienthal häufiger Gast gewesen sein, als er von seinen Flug-Versuchen auf den Rhinower Höhen kommend, auf den nächsten Zug nach Berlin wartete.

Archiv Fritz Schadow

Schwartzkopff lieferte 1869-1876 von der B1′ n2-Tenderlok (Pt 23.13) insgesamt 74 Maschinen an verschiedene Bahngesellschaften, darunter 16 an die BHE. Sie waren wie geschaffen, den Betrieb auf der Hamburg-Altonaer Verbindungsbahn zu bewältigen – ab 1. Januar 1870 unter der Obhut der BHE. Die hier gezeigte Maschine *NORD* der BHE präsentierte man 1873 auf der Weltausstellung in Wien.

Der preußische Altonaer Hauptbahnhof entstand auf Straßenniveau nördlich des ersten und viel zu klein gewordenen dänischen Bahnhofs. In „preußischer Festungsarchitektur" entwarf ihn Hermann Eggert, Architekt des Frankfurter Hauptbahnhof von 1888. Das Foto entstand kurz nach der Eröffnung am 30. Januar 1898. Ein Vergleichsbild von heute zu zeigen, hieße einen Kulturschock auszulösen.

Sammlung Robin Garn

1900 – 1945

Fortschritt, Reichsbahn und zwei verlorene Weltkriege: Eine einzige Achterbahnfahrt

Sammlung Robin Garn

Szene aus Hamburg um die vorvergangene Jahrhundertwende: Der Berliner Bahnhof lag eingekeilt in einem Gleisdreieck. Über seinen Vorplatz rollten, von einem glockenschwingenden Schutzmann angekündigt, Kölner oder Frankfurter Schnellzüge von oder nach Altona im Schritttempo vorüber – hier mit einer S 3 auf Höhe des Hotels Pariser Hof.

Helle Momente illuminierten den Start ins 20. Jahrhundert: Per 6. November 1902 erhielt die elektrische Beleuchtung in Zügen Preußens Einzug – zuerst auf unserer Strecke. Berlin zählte zu den am stärksten wachsenden Hauptstädten weit und breit. Auch Hamburg holte auf und sortierte sich neu: Nach dem es sich mit der Speicherstadt ein einzigartiges Freihafenareal geschaffen hatte, arrangierte es die umliegenden Bahnanlagen neu. Aus ihren Kopfbahnhöfen, auf engem Raum spitzwinklig gehäuft und zusammen mit ihren Gleisverbindungen allesamt auf Straßenniveau ein einziges Kreuz und Quer, erwuchs ein Centralbahnhof. Entlang der Wallanlagen in einer leicht geschwungenen Mulde eingebettet nahm der neue, große und am 5. Dezember 1906 eingeweihte Hauptbahnhof Gestalt an, ohne den Straßenverkehr zu beeinträchtigen. Im Vorfeld beider Metropolen entwickelte sich allmählich ein Vorortverkehr mit ermäßigten Tarifen. Dort fortan durchfahrende Fernzüge konnten ihre Fahrzeiten weiter verkürzen.

Am 1. Oktober 1901 erhielt ein Zug der Berlin-Hamburger Bahn das „Blaue Band“ als schnellster Deutschlands; er hatte die Strecke mit einer Reisegeschwindigkeit von 90 km/h und einem einzigen Halt in Witten-

Sammlung Hellmuth Hinze/FDE

In der Baugrube für den Hamburger Hbf dampft BHE-Lok T4 (*MOABIT*) am Naturhistorischen Museum vorbei in Richtung Altona; hinten die Türme von St. Jacobi und Petri (1904).

Die billigste Fahrkarte zwischen den Metropolen von 1906 (in der 4. Klasse) – käme heutigen 35 € gleich.

Sig. Ernst-Günter Lichte

RVM-Archiv/Eisenbahnstiftung

Sonntagsausflügler, die Herren in Husarenuniform, begaben sich anlässlich des 7. Todestages Otto von Bismarcks vor die Tore Hamburgs nach Friedrichsruh, wo der Reichskanzler residierte. Ein Erinnerungsfoto vom 30. Juli 1905 entstand am Bahnhof, wo just ein Vorortzug mit einer T 12 der ersten Serie (Hängeeisensteuerung) durchs Bild fuhr.

berge in einer Fahrzeit von drei Stunden 28 Minuten bewältigt.

Offenbar stieß das aber an gewisse Grenzen. Die KED Altona nahm in einem Schreiben an das Ministerium der öffentlichen Arbeiten in Berlin vom 15. April 1904 dazu folgendermaßen Stellung: „Wegen des Durchfahrens der Schnellzuglokomotiven auf der Strecke Berlin – Hamburg (–Altona) nehmen wir gehorsamt Bezug auf unseren Bericht vom 23. Januar und auf den darauf eingegangenen Erlaß vom 31. Januar, durch welchen wir angewiesen sind, die Beförderung der Schnellzüge auf der genannten Strecke so lange zu verschieben, bis uns die erforderlichen 2/5 gekuppelten Schnellzuglokomotiven zugeteilt sind.“ Gemeint waren die Nassdampf-Verbundloks (Achsfolge 2'B1') der Gattungen S 7 und S 9, die hier 1905 und 1907 ins Rennen gingen. 1908 legte die KPEV ein Verzeichnis „derjenigen Strecken, auf denen die Lokomotiven auf längeren Strecken ohne Lokomotivwechsel durchfahren“ an. Die Aufstellung zeigte, dass mit der neuen schweren B-Kupplern mit einer Höchstgeschwindigkeit von 110 km/h bereits über noch längere Distanzen ohne Lokwechsel gefahren wurde, als Altona – Berlin mit 293 km aufwartete: Stendal – Dortmund (358 km),

Blatt 1 Vormittag.
Gültig vom 15. Mai 1926.

Endgültiger Entwurf.

(Berlin)-Nauen-Hamburg.

Zeichenerklärung:

- Schnellzug.
- Bedarfsschnellzug.
- Nur an bestimmten Tagen verkehrender Schnellzug.
- Personenzug.
- Bedarfspersonenzug.
- Nur an bestimmten Tagen verkehrender Personenzug.
- Personenzug mit Güterbeförderung.
- Güterzug mit Personenbeförderung.
- Eilgüterzug.
- Bedarfseilgüterzug.
- Güterzug.
- Bedarfsgüterzug.
- Leerfahrt.
- Bedarfsleerfahrt.

× Der Zug hält nach Bedarf.
a " " " nur zum Aussteigen.
e " " " " " Einsteigen.
+ " " " aus Betriebsrücksichten.

D - Durchgangszug.
L - Luxuszug.
Lwz - Leerwagenzug.
Lz - Lokomotivleerfahrt.
E - Eilzug.
T - Triebwagenfahrt.
S - Stückgüterzug.
N - Nahgüterzug.
F - Ferngüterzug.
Ü - Übergabezug.
V - Viehzug.
Vrz - Vorzug.
Nz - Nachzug.
Hinter der Zugnummer in Klammer:
W - Werktags.
S - Sonn- und Festtags.

Verzeichnis der auf den bildlichen Fahrplänen enthaltenen Strecken.	
1	Berlin-Nauen-Hamburg.
2	Altona-Hamburg-Harburg-Maschen.
3	Harburg-Cuxhaven.
4	Altona-Kiel. Wrist-Jtzehoe.
5	Jübek-Husum, Neumünster-Flensburg-Pattburg. Flensburg-Niebüll-Klanxbüll.
6	Elmshorn-Tondern.
7	Altona-Hamburg-Büchen.
8	Hagenow L.-Bad Oldesloe-Neumünster, Hollenbek-Möln, Schwarzenbek-Oldesloe.
9	Lüneburg-Büchen, Wittenberge-Lüneburg, Glöwen-Havelberg, Neustadt-Meyenburg.
10	Eutin-Gremsmühlen-Lütjenburg, Neumünster-Ascheberg, Kiel-Ascheberg-Neustadt, Bad Schwartau-Haffkrug.
11	Husum-Garding, Kiel-Eckernförde-Flensburg. Kiel-Rendsburg-Husum.
12	Heide-Karolinenkoog-Tönning. Heide-Büsum, Neumünster-Heide, St Michaelisdonn-Marne, Marne-Friedrichskoog, St Michaelisdonn-Brunsbüttelkoog Nord, Wilster-Brunsbüttelkoog.
13	Blankenese-Hamburg-Ohlsdorf-Poppenbüttel Blankenese-Wedel.

Blatt 1 Vormittag.
Gültig vom 15. Mai 1926.

Der vollständige Fahrplan für die Strecke Hamburg-Büchen ist auf Blatt 7 (Vorortverkehr) dargestellt.

Linke Seite: **Bildfahrplan (Entwurf) mit unzähligen Angaben zur Strecke für den Sommer 1926. Zu sehen sind die Fahrschaulinien aller Züge (schwarz: Personenverkehr, blau: Güterverkehr) in der ersten Tageshälfte. Schnellfahrende Reisezüge haben fettere Linien, die flacher verlaufen. Hinter ihren Zugnummern sind die Höchstgeschwindigkeiten vermerkt.**

Er wurde zum Wahrzeichen: Der Turm in Hagenow-Land, 1931 in Betrieb genommen, fasste 500m³ Wasser und enthielt Wohnungen in fünf Etagen.

Sammlung Robin Garn (3)

Auf einer S 10 nach Berlin zu stürmen, das war nicht nur ein Jugendtraum, den der Grafiker Fritz Rosen 1926 zu diesem Plakat inspirierte. Auch heute noch wäre diese Vorstellung für einige Leser eine sehnsüchtige Option für Zeitreisen.

Köln – Hannover (324 km), Köln – Kreiensen (307 km); „noch in Aussicht genommen" seien Breslau – Glogau – Stettin (352 km) und Breslau – Sagan – Grunewald (340 km). Zu all dem fühlten sich die maschinentechnischen Beamten angespornt durch ihr ausdrückliches Interesse an den Langläufen englischer und französischer Bahnen. Man machte gute Erfahrungen mit dem stärkere Expansionskräfte freisetzenden Heißdampf (bei der S 6), setzte auf größere Heizflächen und dreifachgekuppelte Lokomotiven. Letztgenannte tauchte, als 2'C h4v für den reinen Schnellzugdienst konzipiert, 1913 in Gestalt der S 10^1 (BR 17^{10}) im Altonaer Direktionsbezirk auf. Damit dürfte der im Kursbuch *Hendschels Telegraph* vom 1. Mai 1914 u.a. der spätabendliche D 20 bespannt worden sein, der im Lehrter Bahnhof um 20.55 Uhr abfuhr und nach drei Stunden und 14 Minuten um 00.09 Uhr im Hamburger Hbf einrollte. Ein letzter Abendstern aus der Belle Epoque des Reisens?

Es brach eine Finsternis herein, wie eine Vorherbestimmung. 15 Jahre sollten ins Land gehen, ehe wieder reguläre Schnellzüge in diesem Tempo Berlin und Hamburg verbunden haben. Der deutsche Kaiser, in allgemeiner Kriegsentschlossenheit europäischer Kontinentalmächte des Sommers 1914 zum vehementen Losschlagen drängend, dankte für nichts außer Millionen Kriegstoter und Krüppel im Herbst 1918 ab und dampfte ins holländische Exil. Die erste deutsche Demokratie, auf schwachen Beinen und Putschversuche überstehend, brachte 1920 doch die Kraft auf, die Staatsbahnen deutscher Länder in eine Nationalbahn zu gießen. Ihre Stabilität blieb in der Hochinflation eine vergebliche Hoffnung und erlitt unter den Reparationen massive Einschränkungen. Deutschland, seine Reichsbahn und deren Lokomotivpersonale hatten im Ergebnis des Ersten Weltkrieges schwerwiegende Einbußen im Zugang zur Steinkohle erlitten. Das oberschlesische Revier war teilweise an Polen gefallen; das Saar-Revier unterlag für 15 Jahre französischer Hoheit; und mit einem Teil der Ruhrkohle mussten alliierte Reparationsforderungen befriedigt werden. Herabgesetzte Höchstgeschwindigkeiten (laut Bildfahrplan der RBD Altona für den Sommerfahrplan 1926) für D-Züge auf 80 und

Spandau, 1928. Der Hauptbahnhof dieser Berliner Vorstadt befand sich östlich der Havel im Ortsteil Stresow und verfügte über drei Bahnsteige. Der mittlere, auf dem der Fotograf und Eisenbahner Karl Otto Petersen stand, diente der S-Bahn, die hier bereits mit Stromschienen ausgerüstet war. Gerade passiert auf dem nördlichen Hausbahnsteig ein Schnellzug nach Hamburg oder Kiel, geführt von der 17 1163 des Bw Lehrter Bahnhof.

Karl Otto Petersen/Sammlung Dr. Christian Koeppe

Im reinen Güterzugdienst empfahl sich die G 8^2 (1'D h2, BR 56^{20}) als kräftig und auf Dauer für 60 km/h schnell genug ausgelegt für Strecken ohne nennenswerte Steigungen, wie die unsrige. Allein Wittenberge unterhielt per Stichtag 15. Februar 1933 ganze 40 Exemplare. Eine davon, 56 2895, verewigte 1927/28 der Dresdener Eisenbahnfotograf Werner Hubert am Block Sachsenwald vor Friedrichsruh in Fahrtrichtung Hamburg. Der Qualmentwicklung nach, hatte der Lokführer wohl gerade den Regler geschlossen.

Werner Hubert/Sammlung Klaus Heinemann (2)

Die Baureihe 01, seitens der Reichsbahn rasch zum Inbegriff einer deutschen Schnellzuglokomotive erhoben, erschien als erste Einheitstype erst 1928 in Reisezugdiensten zwischen Hamburg und Berlin. Das Bahnbetriebswerk Altona erhielt im Juli/August mit 01 067-071 fünf Neuzuteilungen aus dem Baulos der AEG. Nur wenige Wochen später entstand diese Aufnahme der 01 069 bei der Einfahrt in den Hamburger Hauptbahnhof vor dem D 4 aus Berlin. Mit mindestens elf Wagen rund 550 Tonnen schwer, schien die Bespannung mit der schweren Pazifik gerechtfertigt.

Heinrich von Seggern/Sammlung Robin Garn

Hamburg Hauptbahnhof, um 1930. Es läuft ein der Mittagsschnellzug D 5 nach Berlin Lehrter Bahnhof, geführt von der dort beheimateten 17 1140.

den Fernschnellzügen auf 90 km/h waren dem Mangel an hochwertigem Brennstoff geschuldet. Ein Trost für die betuchten Reisenden zwischen Hamburg und Berlin? Sie konnten es sich für die längere Fahrt bequemer machen: Einige Wagen (sechsachsige darunter) aus dem ehemaligen Hofzug Kaiser Wilhelms II. liefen noch über Jahre im FD 23/24 und 25/26.

Bahnbrechendes im Anzug

Zum 7. Januar 1926 wurde ein erstes D-Zug-Paar zwischen Berlin und Hamburg mit der Technik der Zugtelefonie ausgestattet. Apparate wurde in einem Abteil eines Wagens 1./2. Klasse in der Mitte des Zuges untergebracht; und zwar in zwei zu Sprechkabinen umgebauten Waschräumen.

Technisch sah die Lösung folgendermaßen aus: An beiden Enden der Strecke wurde je eine ortsfeste Station als Zugvermittlungsstelle errichtet, in Berlin-Spandau und Hamburg-Bergedorf, bis wohin das Festnetz der jeweiligen Großstadt reichte. Jede Zugvermittlungsstelle besaß einen kleinen Röhrensender und einen Empfänger, die Schnittstellen zu der neben dem Gleis verlaufenden Freileitung. Die Antenne im Zug, eine 192 Meter lange Langdrahtantenne aus vier parallelen Drähten, war über die Dächer zweier aufeinanderfolgender

Telefonieren während der Fahrt? War schon 1926 in den Schnellzügen zwischen Berlin und Hamburg möglich. 1931, als diese Werbeplakate entstanden, herrschte eine tiefe Rezession der Weltwirtschaft mit über 5 Millionen Arbeitslosen allein in Deutschland. Demzufolge flaute die Nachfrage nach dieser Erfindung rasch ab.

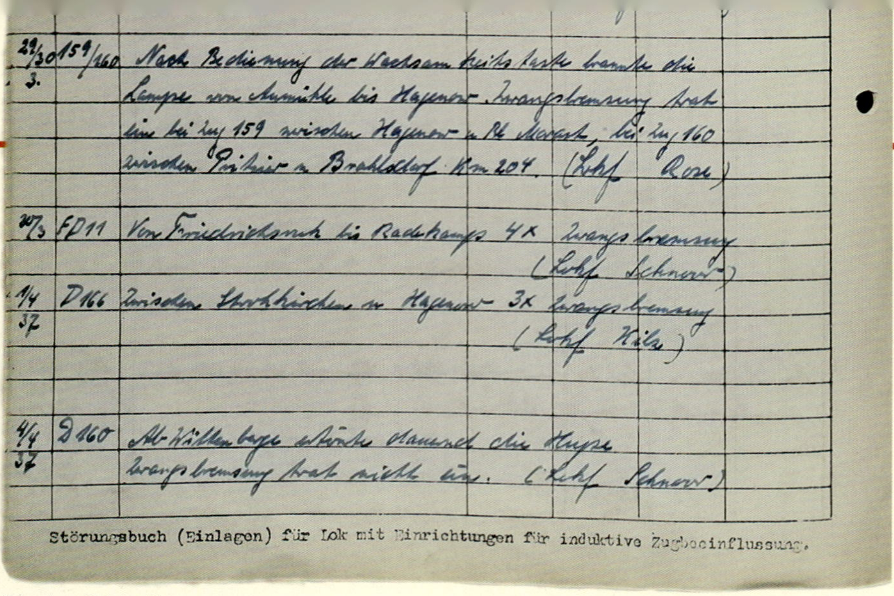

29/30 3.	159/160	Nach Bedienung der Wachsamkeitstaste brannte die Lampe von [illegible] bis Hagenow. Zwangsbremsung trat ein bei Zug 159 zwischen Hagenow u. [illegible], bei Zug 160 zwischen Pritzier u. Brahlsdorf Km 204. (Lokf Rose)
30/3	FD 11	Von Friedrichsruh bis Radekamps 4x Zwangsbremsung (Lokf Schnoor)
1/4 37	D 166	Zwischen [illegible] u. Hagenow 3x Zwangsbremsung (Lokf Kilz)
4/4 37	D 160	Ab Wittenberge stünde dauernd die Lampe. Zwangsbremsung trat nicht ein. (Lokf Schnoor)

Störungsbuch (Einlagen) für Lok mit Einrichtungen für induktive Zugbeeinflussung.

Sammlung Christian Eilers

Aus dem Betriebsbuch der 03 034 stammt dieses gesonderte Heft mit Störungsmeldungen. Darin wird deutlich, wie sehr Kinderkrankheiten der Induktiven Zugsicherung das Lokpersonal konfrontiert hatten. Ende März/Anfang April 1937 kam es im Fahrtverlauf vor D-Zügen auf der Hamburg-Berliner Schiene zu fünf Unregelmäßigkeiten. Im Endeffekt wechselte Altona eine AEG-Turbine gegen eine der Firma Pintsch aus.

1932/1933 unternahm die DRG umfangreiche Testfahrten mit den für ihren geplanten Einsatz auf bis zu 140 km/h hochgerüsteten 03 des Bw Altona – und deren Indusi-Einrichtungen. Während einer Besprechung in Hagenow-Land hantiert ein Spezialist am lokführerseitig installierten Schaltkasten der induktiven Zugsicherung.

APRIL 1929 — 41

SA 5.38, SU 18.31; MA 1.53, MU 8.40	SA 5.35, SU 18.33; MA 2.49, MU 9.30	SA 5.33, SU 18.35; MA 3.31, MU 10.31
1	2	3
Ostermontag	Dienstag	Mittwoch
1894 Mitteleuropäische Zeit eingeführt. 1909 D. Staatsbahnwagenverband gegründ. 1920 Deutsche Staatsbahnen verreichlicht. 1920 Staffeltarif f. deutsch. Güterverk. eingef.	1925 †Sir William Acworth, Mitglied des Verwaltungsrats der D. R. G.	

Die Fernverbindungen der Reichsbahn

Fernschnellzug Berlin–Hamburg

Zwischen der Reichshauptstadt und den Städten Hamburg-Altona mit dem ersten Seehafen Deutschlands besteht ein lebhafter Reiseverkehr. Diese 293 km lange Strecke in 3½ Stunden ohne jeden Aufenthalt zu befahren und damit die Reichshauptstadt zeitlich möglichst nahe an die See zu rücken, ist die Aufgabe der auf diesem Streckenstück verkehrenden zwei Fernschnellzugpaare. Die von der Reichshauptstadt kommenden Züge haben in Hamburg Anschlüsse nach Kiel und Flensburg in Schleswig-Holstein. Sogar nach den Nordfriesischen Inseln kommt man mit den Schlafwagen über den Hindenburgdamm nach Westerland auf Sylt. In Berlin bestehen für die von Hamburg kommenden Fernschnellzüge gute Anschlüsse nach Dresden, Leipzig, Wien, Schlesien, Ostpreußen, Riga und Warschau. Um dem regen Geschäftsverkehr zwischen den beiden größten deutschen Städten Rechnung zu tragen, sind die Berlin-Hamburger Fernschnellzüge mit Salon- und Speisewagen und auch mit Zugtelephonie ausgerüstet, durch die der Reisende auch während der Eisenbahnfahrt mit seinen Geschäftskreisen in Verbindung stehen kann. Auch landschaftlich hat diese Fahrt Reize. Über Nauen mit den hohen Antennentürmen der Großfunkstation und durch das Havelländische Luch kommen wir nach Wittenberge, an die Elbe. Die Bahnlinie läuft nun zunächst zwischen der Mecklenburgischen Seenplatte und der Elbe und dann durch die Lüneburger Heide. Schloß Ludwigslust grüßt; über Hagenow geht es wieder der Elbe zu. Dann geht es durch den Sachsenwald und an Schloß Friedrichsruh, der Grabstätte Bismarcks, vorüber. An der Bille entlang läuft der Zug weiter durch das Marschengebiet, bis wir die Freie und Hansestadt Hamburg a. d. Alster die zweitgrößte deutsche Stadt, und ihre Schwesterstadt Altona erreichen.

DEUTSCHER REICHSBAHN-KALENDER

Sammlung Dierk Lawrenz

Der ab 1927 herausgegebene Reichsbahn-Kalender bot umfangreiche Informationen zur zeitgenössischen Eisenbahn, bevor er 1934 schlagartig politisch instrumentalisiert wurde. Auf diesem Blatt von Anfang April 1929 erläuterte man, wie die DRG dem Verkehrsbedürfnis zwischen Reichshauptstadt und erstem Seehafen gerecht wurde.

Walter Hollnagel/Sammlung Robin Garn

Walter Hollnagel/Sammlung Robin Garn (2)

Aus dem Stellwerk Ho (Hagenow Ost) blickt der Fahrdienstleiter einem aus Berlin heranrauschenden Schnellzug entgegen; rechts die Zufahrt ins Bahnbetriebswerk (1935).

Wagen in etwa 40 cm Höhe verlegt. Sie nahm die von der Freileitung ausgehenden Wellen auf und leitete sie zum Telefon im Zug weiter – und umgekehrt. Die Drehgestelle der Wagen bekamen besondere Anschlüsse zur funktechnischen Erdung.

Zum 20. Mai 1926 waren alle fünf D-Zug-Paare (D 1-10) auf unserer Bahn mit Telefon ausgestattet. Pro Tag wurden fast 40 Gespräche vermittelt, überwiegend vom Zug zum Festnetztelefon, obwohl auch umgekehrt ein Gespräch vermittelt werden konnte. Zum 1. Februar 1931 übernahm die Mitropa diesen Service.

Tempo und Fortschritt charakterisierten den Betrieb der Deutschen Reichsbahn in den 1930er Jahren. Unweigerlich verbinden wir noch heute damit das Dritte Reich. Es wusste sich mit Errungenschaften zu schmücken, die vor ihrem Machtantritt und unter erschwerten Bedingungen einer Weltwirtschaftskrise von der Weimarer Republik in die Wege geleitet wurden.

Seit 1927 wurde unsere Metropolenverbindung für die Beschleunigung des Eisenbahnverkehrs fit gemacht: Das bedeutete zunächst zwischen Friedrichsruh und Nauen die Signalabstände (Vor- zum Hauptsignal) auf 1.200 m für längere Bremswege anzupassen und Kurven, wo immer möglich, etwas aufzuweiten und deren Gleislage etwas zu neigen. 1931 galten die Arbeiten zwischen Friedrichsruh und Spandau als abgeschlossen. Eine damals als Induktive Zugsicherung (Indusi) bezeichnete Zugbeeinflussung testete die DRG mit den Firmen Lorenz und Siemens 1927 zuerst auf der Strecke Berlin–Hamburg (und Hamburg–Bremen). Es ging im Prinzip darum, einen Signalbegriff über eine Induktionsspule zum Triebfahrzeug übertragen, und damit dessen Geschwindigkeit kontrollieren und bei Gefahr, unberechtigt am Signal vorbeizufahren, eine Zwangsbremsung auszulösen. Sieben Altonaer 03 (032-038) gehörten 1932/33 zu den ersten Lokomotiven, die damit ausgerüstet wurden. Zugleich wagte man, ihre Höchstgeschwindigkeit auf 140 km/h zu erhöhen. So gelang es ab 1933/34, vor den werktags zwischen Hamburg und Berlin verkehrenden FD 23/24 deutschlandweit erstmalig eine Reisegeschwindigkeit von mehr als 100 km/h zu erreichen. Diese Leistung verdient umso mehr Respekt, da man sie selbst unter Einbeziehung der langsamen zu befahrenden Hamburger Verbindungsbahn (Altona – Hauptbahnhof) fertigbrachte. Was das mitunter für ein Kampf um die Minute gewesen ist, veranschaulicht das Fahrtprotokolle des Dampflok-Experten Karl Julius Harder auf den beiden Folgeseiten.

Bei obigem Stellwerk (Ho) in Hagenow-Land handelte es sich um einen Neubau von 1935.

Auf Minutenjagd

Zug: FD 24 Berlin – Hamburg (24 Achsen, Last: 240 t), Datum: 1. Juni 1933, Lok: 03 073, Lokführer: Helge

RVM/Eisenbahnstiftung

03 073 (Bw Altona), die Protagonistin der nebenstehenden Geschichte und eine der für 140 km/h zugelassenen Maschinen, steht im Lehrter Bahnhof zur Abfahrt nach Hamburg bereit (1934).

Kilometer Abstand	Kilometer Summe	Bahnhöfe (Anmerkungen)	Fahrzeit Plan	Fahrzeit Ist		Geschwindigkeit km/h	Geschwindigkeit Durchschnitt
0,0	0,0	**BERLIN LEHRTER BF**	18.05 Uhr	18.05 Uhr			
2,6	2,6	**Putlitzstraße**	07,7	08		50	
3,0	5,6	**Jungfernheide**	10	11	+1	64	
2,0	7,6	**Fürstenbrunn**	11,5	12,5	+1	80	
4,1	11,7	**Spandau Hbf** (La Havelbr.)	14,5	15,5	+1	82	
1,2	12,9	**Spandau West**	15,7	16,7	+1	60	
7,6	20,5	**Falkensee**	20,7	21		92	
2,6	23,1	**Finkenkrug**	22,1	23		78	
3,7	26,8	**Brieselang** (La 60 km/h)	24,2	25		78	
8,4	35,2	**Nauen** (RBD Berlin)	28,4	32		69,5	
6,8	42,0	**Bergerdamm** (RBD Altona)	32,2	37		81,5	
6,8	48,8	**Paulinenaue**	35,8	41	+5	102	
8,2	57,0	**Vietznitz**	40	45	+5	123	
4,5	61,5	**Friesack**	42,3	47,2		122,5	
13,8	75,3	**Neustadt (Dosse)**	49,3	54		123	
8,1	83,4	**Zernitz**	53,4	57,8		123	
5,3	88,7	**Stüdenitz**	56,1	19.00,4		122,5	
3,3	92,0	**Breddin**	57,8	02	+4	123	
9,7	101,7	**Glöwen**	19.02,8	06,7	+4	125	
11,0	112,7	**Bad Wilsnack**	08,6	12		124	
7,1	119,8	**Kuhblank**	12,4	15,5	+3	122	
6,7	126,5	**Wittenberge**	16,7	19		115	
9,2	135,7	**Dergenthin** (90 km/h)	22,6	25,5		91	71 km
8,6	144,3	**Karstädt**	27,3	29,8		120	123 km/h
10,5	154,8	**Klein Warnow**	32,8	35		120	
8,4	163,2	**Grabow**	37,1	39	+2	125	
7,5	170,7	**Ludwigslust**	40,9	42,6		125	
9,9	180,6	**Jasnitz**	45,9	47,4		124	
4,1	184,7	**Strohkirchen**	47,9	49,5		120	
7,1	191,8	**Hagenow Land**	51,7	53		122	
10,8	202,6	**Pritzier**	57,5	58,6	+1	125	
8,9	211,5	**Brahlstorf**	20.02,4	20.03,4	+1	124	
6,7	218,2	**Kuhlenfeld**	06	07	+1	124	
6,7	224,9	**Boizenburg**	09,7	10,5		124	
7,6	232,5	**Schwanheide**	13,8	14,5		124	
6,4	238,9	**Büchen**	17,3	17,7		120	
5,2	244,1	**Müssen**	20,3	20,5		110	
5,2	249,3	**Schwarzenbek**	23,3	23,3	0	110	
10,3	259,6	**Friedrichsruh**	28,9	28,9		110	
1,8	261,4	**Aumühle**	29,9	29,9		108	
2,7	264,1	**Wohltorf**	31,5	31,5		108	
2,2	266,3	**Reinbek**	32,9	32,5		106	
3,7	270,0	**Bergedorf**	35,1	35		105	
11,3	281,3	**Tiefstack**	41,7	41,2		100	234,8 km
1,7	283,0	**Rothenburgsort**	43	42,4		90	110,9/114,5 km/h
2,1	285,1	**Berliner Tor**	45	44,3		65	286,7 km
1,6	286,7	**HAMBURG HBF**	20.48	20.47	-1	35	105,5/106,1 km/h

Karl Julius Harder, stand am Beginn seiner Laufbahn im Maschinendienst der Deutschen Reichsbahn-Gesellschaft. Was ihn aus unserer heutigen Sicht hervorhebt: Harder gehörte zu jenen an Bahnhistorie und Lokomotivtechnik Interessierten, die sich seit Ende der 1920er Jahre um den Berliner Eisenbahnfreund Fritz Schadow scharten. Sozusagen ein Netzwerk der Altmeister.

Mit Stoppuhr und Notizblock protokollierte Harder manche Fahrt auf dem Führerstand, hier eine vor dem FD von Berlin nach Hamburg:

„Durch das Entgegenkommen des Dezernenten 21 *[Zugförderung, Anm. Red.]* der RBD Altona, Herrn Ritter und Edler von Keßler, war es mir im Jahre 1933 möglich, einige Fahrten mit den Züge FD 23/24 und FD 1/2 auf dem Führerstand der Lok mitzumachen. Diese Züge waren damals die schnellsten in Deutschland und erregten großes Aufsehen. Für die Loks 03 032-038 und 073 hatte die Hauptverwaltung die Höchstgeschwindigkeit auf 140 km/h heraufgesetzt, und es war für mich von besonderem Interesse, diese Loks im Betriebe zu beobachten. Für die Fahrt des FD 24 am 1. Juni 1933 fertigte ich das dargestellte Protokoll an.

Innerhalb des Vorortbereiches von Berlin bis Spandau West war eine Höchstgeschwindigkeit von 85 km/h vorgeschrieben, danach waren 140 km/h zulässig. Vor Nauen lag eine Baustelle, die mit 60 km/h befahren werden musste. Lokführer Helge versuchte daher schon vorher Zeit aufzuholen, was aber nicht möglich war, weil noch ein Vorortzug nach Finkenkrug vor uns lag. Vor Finkenkrug musste der Regler sogar geschlossen werden. Der „Erfolg" war, dass Nauen mit 3,6 Minuten Verspätung durchfahren wurde, die sich bei der Übergabe an den Bezirk Altona in Berger Damm auf 4,8 min erhöhte. Als endlich in Friesack 125 km/h Höchstgeschwindigkeit erreicht wurde, waren die 5 Minuten voll.

Nun ist es interessant zu verfolgen, wie der Lokführer die Verspätung langsam auf-

Sammlung Radke

Der Ritt beginnt. Auf der achtgleisigen Geraden des Nordrings durch Berlins Stadtteil Moabit, nehmen die Schnellzüge nach Hamburg oder Hannover Fahrt auf. Vorgestern (hier 1936) wie heute. Blick aus dem Führerstand einer Berliner S-Bahn, unterwegs auf dem Ring vor dem Bahnhof Beusselstraße. Entgegen kommt 03 037 des Bw Altona, auch eine der privilegierten Schnellläuferinnen, im Nachmittagslicht vor dem D 6.

holte. Die Gleichförmigkeit der Fahrt zwischen Paulinenaue und Kuhblank (71 km in 34,5 min = 123 km/h) und wieder zwischen Dergenthin und Büchen (103,2 km in 52,2 min = 119 km/h) verdient besondere Beachtung. Bei Einbruch in den Hamburger Vorortbereich bei Friedrichsruh war der Zug planmäßig. Ab hier waren nur 105 km/h zulässig, die geringfügig überschritten wurden, sodass die Fahrt eine Minute vor Plan in Hamburg Hbf endete.

Zu beachten ist, dass 125 km/h nie überschritten wurden. Herr von Keßler hatte die Altonaer Lokführer angewiesen, keinen Strich mehr als 125 km/h zu fahren. Er wollte das Sicherheitsrisiko von 140 km/h nicht auf sich nehmen. Die 03 073 *[Borsig, Abnahme 31.5.1932]* lief bei dieser Fahrt ruhig wie ein Schlafwagen. Bei den höchsten Geschwindigkeiten verursachten die Zylinderkräfte leise Schüttelbewegungen, die keineswegs unangenehm waren. Bei sachgemäßer Feuerbedienung machte die Dampferzeugung keine Schwierigkeiten. Bei einer anderen Fahrt, die ich ebenfalls mit Lokführer Helge auf der Lok 03 038 machte, warf der Heizer vor Wittenberge die Luftklappen zu, um das Abblasen der Sicherheitsventile zu verhindern. Die Folge war, dass sich vor der Rohrwand Schlacken bildeten und die Dampferzeugung nachließ. Es gelang dem Heizer während der schnellen Fahrt nicht, die Schlacke zurückzuziehen. Erst kurz vor Hamburg konnte er das Feuer wieder in Ordnung bringen.

1933 machte der „Fliegende Hamburger“ seine ersten Fahrten als FD 1/2. Wenn der Triebwagen mit der Nummer 877 a/b ausfiel, musste ein Zug mit Dampflok gefahren werden. Hier musste dann die Lok einspringen, die planmäßig den D 7 bzw. den D 6 zu fahren hatten. Der Laufplan sah so aus:

1) D 7 Altona – Berlin (Bereitschaft in Altona für FD 1 ab 14.00 Uhr)
2) D 6 Berlin – Altona (Bereitschaft in Berlin Leb für FD 2 ab 7.00 Uhr)
3) FD 23 Berlin, FD 24 Altona
4) Ruhe

Der Dampfzug fuhr nun nicht im Plan FD 1/2, sondern in einem Bedarfsplan BFD 11/20. Die Fahrzeit war um 11 Minuten länger bei der Fahrt nach Hamburg *[FD 2 bis Hmb Hbf in 2’29” statt 2’18”]* und 18 Minuten bei der Fahrt nach Berlin *[FD 1 ab Hmb Hbf 2’39” statt 2’21”]*. Nun ging ein Kampf zwischen den Triebwagen- und den Dampflokleuten los, der sich auch auf das Personal übertrug. So glaubte eines Tages ein Hamburger Dampflokführer auch im Plan FD 2 fahren zu können. Er schaffte es auch und kam planmäßig in der kürzeren SVT-Fahrzeit in Hamburg an, mit dem Resultat, dass er wegen Überschreitung des vom Dezernenten angeordneten Höchstgeschwindigkeit in den Rangierdienst versetzt wurde. So hart waren die Sitten.“

Sammlung Robin Garn

Sammlung Peter Bley

Jungfernfahrt des Schnellen Verbrennungsmotor-Triebwagens (SVT) 877 a/b der Deutschen Reichsbahn Gesellschaft im Dezember 1932 in Berlin-Lehrter Bahnhof.

Vörsicht an'e Bahnsteigkant

In einem vom Augenoptiker Kuno Karls herausgegebenen Erzählband aus der Stadt Hagenow erinnert sich Helene Müller: „Als der Schienen-Zepp 1931 durch Hagenow-Land kommen sollte, treckte aus Hagenow die reinste Völkerwanderung los, um das Ungetüm zu sehen. Der Bahnhof selber war gesperrt, also wanderten sie alle zum Bahnübergang und auf die Wiesen der Heide *[im Westen der Bahnhofseinfahrt: Anm. Red.]*. Ganz dicht an die Strecke heranzugehen war gefährlich. Man wusste nicht, was einem da um die Ohren fliegen würde. Man bekommt ja auch mehr zu sehen, wenn man nicht so dicht am Gleis stehen würde. Los ging das alles kurz nach Mitternacht. Die meisten gingen zu Fuß, andere nahmen das Fahrrad. Viele Eltern haben ihre Kinder aus dem Schlaf gerissen. Diese Sensation wollte sich keiner entgehen lassen. Bei Nacht und Nebel zogen wir auf die Wiesen und warteten auf das große Ereignis. Als es langsam hell wurde, war es endlich soweit. Wir hörten, wie der Schienen-Zepp angebraust kommt. Dann ging das ‚tschtsch', vorbei war er. Kein Mensch hat ihn richtig zu Gesicht bekommen, so fix ging das. Wir Kinder waren enttäuscht. Das soll die Sensation gewesen sein?"

Bei der Durchfahrt des Schienenzeppelins in Berlin-Spandau bei Tagesanbruch des 21. Juni 1931 entstand dieses Pressefoto. Im Juli 1934 war der Wagen letztmals auf der Strecke unterwegs. Er war einfach zu experimentell. Seine für jene Zeit wesentlich zu hohe Geschwindigkeit, aber auch die durch den Propellerantrieb schwierige betriebliche Handhabung, standen einem weiteren Einsatz entgegen.

Drei Weltbestmarken in fünf Jahren

Mit einem Flugzeugpropeller am Heck raste der „Schienenzeppelin", hier und da Schottersteine aufwirbelnd, bereits 1931 von Hamburg nach Berlin. Das Unikat, von Franz Kruckenberg als „Flugbahn-Wagen" bezeichnet, befuhr am 21. Juni 1931 in 98 Minuten (zwischen 3.27 und 5.05 Uhr) die 257 km lange Strecke zwischen Hamburg-Bergedorf und dem Lehrter Bahnhof in Berlin – das entspricht einer Durchschnittsgeschwindigkeit von 157,3 km/h. Dabei stellte er zwischen Karstädt und Wittenberge mit einer Spitzengeschwindigkeit von 230,2 km/h einen Geschwindigkeitsweltrekord auf, der 24 Jahre lang Bestand hatte (siehe Anekdote aus Hagenow-Land zum Foto).

Auch mit einer im Windkanal erprobt Gestalt rollte der erste stromlinienförmige Schnelltriebwagen VT 877 a/b 1932 aus den Werkhallen der WUMAG in Görlitz. Als FD 1/2 *Fliegender Hamburger* ab 15. Mai 1933 Berlin mit Hamburg in zwei Stunden und 18 Minuten verbindend, erlangte er als schnellster Reisezug Weltruhm. Ihm, dem Prototyp eines Hochgeschwindigkeitsverkehrs abseits der Dampftraktion, möchten wir die folgende Doppelseite widmen.

Da kommt der *Fliegende Hamburger*, eher schmächtig und kurz wirkend. Kurz auch deshalb, weil er wegen seines Tempos nur kurz vorbeibrummt. VT 877 a/b, um das Jahr 1937 unterwegs als FDt 25 von Hamburg(-Altona) nach Berlin(-Lehrter Bahnhof), passiert an einem späten Nachmittag den Schrankenposten (Bude 78) bei Segeletz an der Reichsstraße 5 zwischen Neustadt (Dosse) und Nauen. Er hat sich im vierten Betriebsjahr eine Beule an der Front zugezogen, vermutlich von einem tierischen Zusammentreffen. Der Urahn aller SVT bot nur Platz für 98 Reisende. Die DRG klügelte ein Reservierungssystem aus, nachdem nur die Fenster- und Gangplätze besetzt wurden, die Mittelplätze blieben frei. Reisebüros verkauften Fahrkarten zugleich mit Platzkarten. Im Vorverkauf entfielen 39 Plätze, 27 Plätze wurden bei den Fahrkartenausgaben Altona Hbf/Hmb-Dammtor/Hmb-Hbf im Schlüssel 1/1/3 vorgehalten. Acht Plätze waren noch für Übergangsreisende bestimmt.

Unbekannt/Eisenbahnstiftung

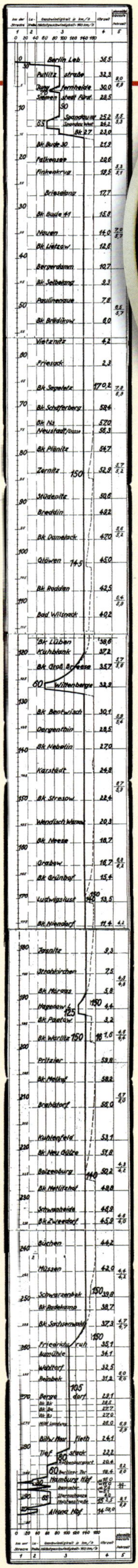

Oben: **Kofferaufkleber, in vollen Farben gestaltet, schmückten die Gepäckstücke betuchter Vielreisender. Morgens beim Auschecken der vom Adlon in Berlin, unterwegs mit 160 km/h unserer vom** *Fliegenden Hamburger* **und abends einer der Hamburg-Amerika Linie.**

Links: **Im Gegensatz zu seinem Kollegen auf der Dampflok, der seinen Zug aus vielen im Buchfahrplan für die Strecke heraussuchte, erhielt der Führer eines Schnelltriebwagens eine Fahrschaulinie nur für seinen Zuglauf. Er klappte die pappverstärkten Seiten Abschnitt für Abschnitt um. Die Streckenübersicht zeigte ihm alle Durchfahrtzeiten und Geschwindigkeitsbegrenzungen. Der Fahrplan war für V_{max} 140 km/h ausgelegt. Interessant sind am hier gezeigten FD1 (Altona – Lehrer Bf) vom Sommer 1933 die gestrichelten Linien: Hier konnte er bei Bedarf schneller fahren.**

Rechts: **Aquarellierter Streckenverlauf Berlin – Hamburg aus der Reihe „Reisen und Schauen" des Reichsbahn-Werbeamtes von 1936.**

Unten: **Fahrplanblätter wie diese, uns zuletzt als „Ihr Zugbegleiter" bekannt, lagen vermutlich erstmals in den Fliegenden Zügen aus. Ein beflissener Reisender notierte sich einige Durchfahrtzeiten.**

Schnelltriebwagen
FD 2
(verkehrt nur an Werktagen)
Berlin - Hamburg - Altona
2. Klasse
beschränkte Personenzahl und beschränkte Gepäckbeförderung, Wirtschaftsbetrieb

km		FD 2	
	Insterburg ab	21.38	
	Königsberg (Pr.) Hbf. „	22.46	
	Berlin Schles. Bf. an	7.40	
	Warschau ab	19.25	
	Posen „	2.54	
	Frankfurt (Oder) „	6.26	
	Berlin Schles. Bf. an	7.31	
	Beuthen (Oberschl.) Hbf. ab	21.09	
	Gleiwitz „	21.34	
	Oppeln „	22.46	
	Breslau Hbf. „	0.10	
	Berlin Friedrichstr. an	7.19	
	Dresden Hbf. ab	4.25	
	Berlin Anh. Bf. an	6.57	
0,0	Berlin Lehrt. Bf. ab	8.02	
286,8	Hamburg Hbf. an	10.20	★
288,2	Hamburg Dammtor „	10.27	
293,2	Altona Hbf. „	10.38	
	Hamburg Hbf. ab	11.49	
	Bremen Hbf. an	13.21	
	Hamburg Hbf. ab	12.20	
	Lübeck an	13.46	
	Hamburg Hbf. ab	11.22	
	Kiel Hbf. an	14.04	
	Flensburg an	15.42	
	Hamburg Hbf. ab	11.36	13.17
	Itzehoe an	13.13	14.34
	Westerland (Sylt) an	18.03	17.18

★ Falls an Stelle des Schnelltriebwagens ein Dampfzug verkehrt, Ankunft Hamburg Hbf 10.31, Hamburg Dammtor 10.37, Altona Hbf 10.51

4

FD1
ALTONA-HAMBURG-BERLIN
(Seite 2)
★
FD2
BERLIN-HAMBURG-ALTONA
(Seite 4)

SOMMER 1933
15. Mai bis 7. Oktober 1933

DEUTSCHE REICHSBAHN

Sammlung Robin Garn (4)

Die Anfrage der Lokomotivbau-Vereinigung an die DRG-Hauptverwaltung, eine Schnellfahrlokomotive für 150 km/h Reisegeschwindigkeit zu entwickeln, datiert auf den 24. Dezember (!) 1931. Daraus resultierten 1935 die zwei alsbald berühmten und in Altona beheimateten Loks der Baureihe 05, wovon die 05 002, am 11. Mai 1936 einen weltweiten Geschwindigkeitsrekord für Dampflokomotiven erzielte: Sie raste zwischen Hamburg und Berlin und erreichte vor Friesack für wenige Augenblicke 200,4 km/h.

Stand 1936/37 stieg der FD 24 (Berlin Lehrter Bf ab 18.13 –Hamburg Hbf an 20.37), planmäßig geführt von einer 05 und in Ausnahmefällen von der vollverkleideten 03 193, mit einer Reisegeschwindigkeit von 119,5 km/h quasi auf das Siegerpodest der europaweit schnellsten Dampfzüge. Nur 1939 fuhren die belgischen Typ 12-Loks zwischen Brüssel Midi und Brugge (92,3 km) ein Quäntchen (120,5 km/h) schneller.

RVM/Eisenbahnstiftung

Sekt für die Weltrekordler. Nach der Ankunft in Berlin ehrte die im Zug mitreisende Prominenz von Bahn und Staat den Heizer Ernst Höhne (l.) und Lokführer Oscar Langhans (r.).

Sammlung Robin Garn

Eine Winteraufnahme der 05 002 in Hamburg Hbf vor einem FD nach Berlin diente der Zeitschrift „Energie“ als Titelbild. Das Organ für Krafterzeugung (Elektrotechnik, Maschinenbau und Metallbearbeitung) meldete in Vorfreude: „Züge, auf die wir warten!“

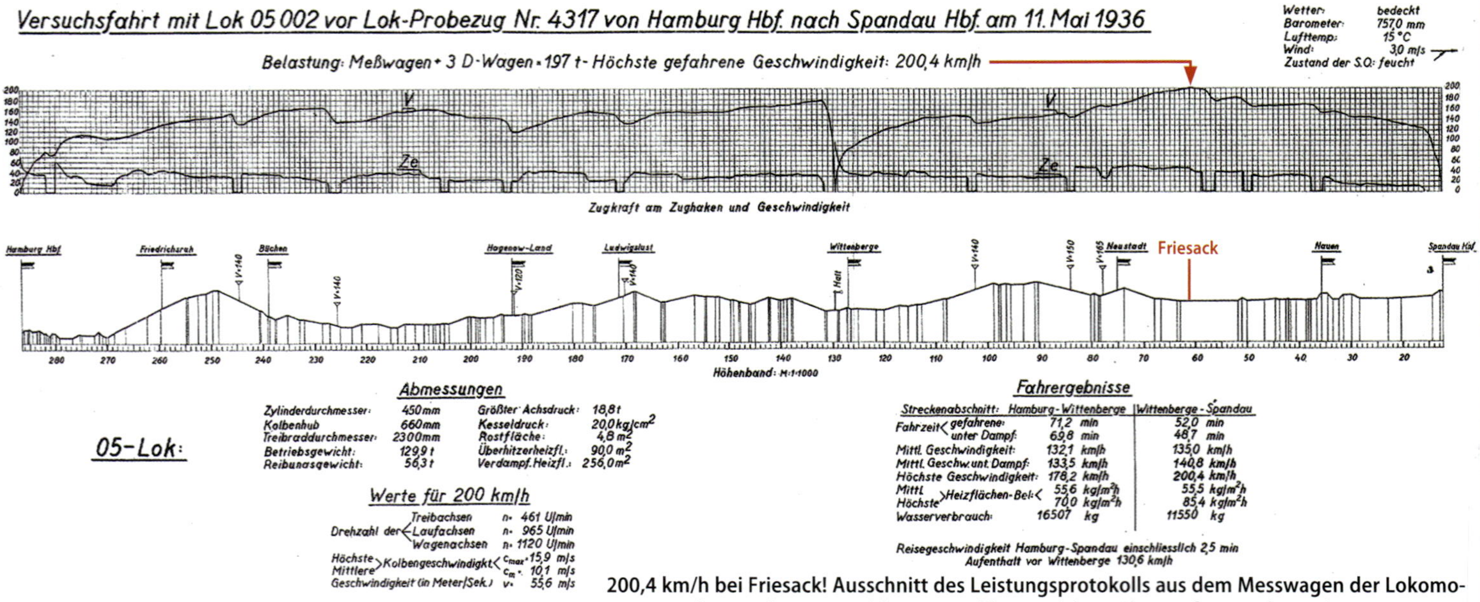

200,4 km/h bei Friesack! Ausschnitt des Leistungsprotokolls aus dem Messwagen der Lokomotiv-Versuchsanstalt Grunewald. Unvorstellbar, welche Mühen aufgewandt werden mussten. um für wenige Wimpernschläge das zu erreichen, wofür heute auf Dauer zwei Finger reichen.

Sammlung Klaus Hopf

Walter Hollnagel/Sammlung Robin Garn

Morgens begab sich der Hamburger Direktionsfotograf zur Blockstelle Oberlandweg, vor Bergedorf gelegen, um den FD 23 nach Berlin mit einer 05 auf Zelluloid zu bannen. Im Vordergrund zweigt die Strecke nach Bergedorf Süd und Geesthacht/Krümmel ab. Wagenexperte Paul Scheller: „Die ersten beiden Wagen sind mit ziemlicher Sicherheit AB4ü-35 – das modernste, was die DR damals im Angebot hatte. Der Mitropa-Speisewagen hat anscheinend noch einen nicht verkleideten Langträger. Es dürfte sich daher um einen Wagen der Serie 1001 – 1075 handeln (gebaut 1928 – 1930). Der nächste Wagen könnte tatsächlich einer der ex-KPEV-Oberlichtwagen sein, die für Zugtelefonie eingerichtet waren. Dann gehört möglicherweise auch der letzte Wagen zu dieser Einrichtung, denn die Antenne war über zwei Wagen verteilt."

Reisegeschwindigkeit des jeweils schnellsten Zuges auf ausgewählten deutschen Hauptstrecken 1914 und von 1927 – 1937

Strecke				**Reisegeschwindigkeit (km/h)**							
von	über	bis	km	**1914**	**1927**	**1929**	**1932**	**1933**	**1935**	**1937**	Jahr/Zug
Berlin Lehrter Bf	Wittenberge	**Hamburg**	286,8	**88,8**	82,0	88,8	**96,1**	**124,6**	124,6	125,6	FDt 2
Berlin Zoo	Stendal	**Hannover**	254,1	79,8	–	–	90,7	90,7	**132,6**	**132,6**	FDt 16
Hannover	Bielefeld	**Hamm**	176,5	81,1	81,0	**90,7**	91,3	92,1	126,1	132,5	FDt 16
Berlin Anhalter Bf	Wittenberg	**Halle**	161,7	86,8	**83,1**	86,8	90,7	93,3	106,6	101,1	FD 80
Berlin Zoo	Essen	**Köln Hbf**	578,9	71,0	72,9	77,5	80,8	83,9	116,9	118,1	FDt 16
Berlin Anhalter Bf	Erfurt	**Frankfurt (M)**	538,9	76,0	71,2	77,5	78,3	79,8	108,2	109,3	FDt 572
Berlin Anhalter Bf	Nürnberg	**München**	674,2	77,6	71,2	74,9	76,0	80,4	89,9	101,8	FDt 551
Berlin Schles. Bf	Sorau / Sagan	**Breslau**	335,7	78,0	72,0	83,7	78,1	77,5	89,9	123,6	FDt 45

Generell zeigt uns dieser Blick, dass die DRG erst nach 15-20 Jahren jene Fahrzeiten wiedererlangte, zu denen die Länderbahnen (allen voran die KPEV) vor Ausbruch des Ersten Weltkrieges in der Lage gewesen waren. Von den Schnellverkehrsstrecken Deutschlands nahm Berlin – Hamburg einen vorderen Rang ein. Der Temposchub, ausgelöst durch die windschnittigen Dieseltriebwagen, erfuhr hier seine Initialzündung; auch wenn der legendäre Lauf des FDt 16 in der Relation Berlin – Hannover – Köln dem Fliegenden Hamburger ab 1935 den Rang ablaufen sollte. Weltweit maßen sich Deutschlands „Fliegende Züge" nur mit ihren Pendants einiger US-Bahnen, den sogenannten „Bullet Trains" (Bullet = Kugel, im Sinne von Projektil) in den großen Ebenen zwischen Chicago, St. Louis und Denver. Betrachtet man über den jeweils schnellsten Lauf die durchschnittliche Reisegeschwindigkeit aller D-Züge auf den hier gezeigten Schnellfahrstrecken, lag Berlin – Hamburg unangetastet vorne. 1937 betrug sie bei 13 täglichen Verbindungen 92,4 km/h, gefolgt von Breslau – Berlin (10) 87,0 km/h und Berlin – Halle (30) mit 85,8 km/h.

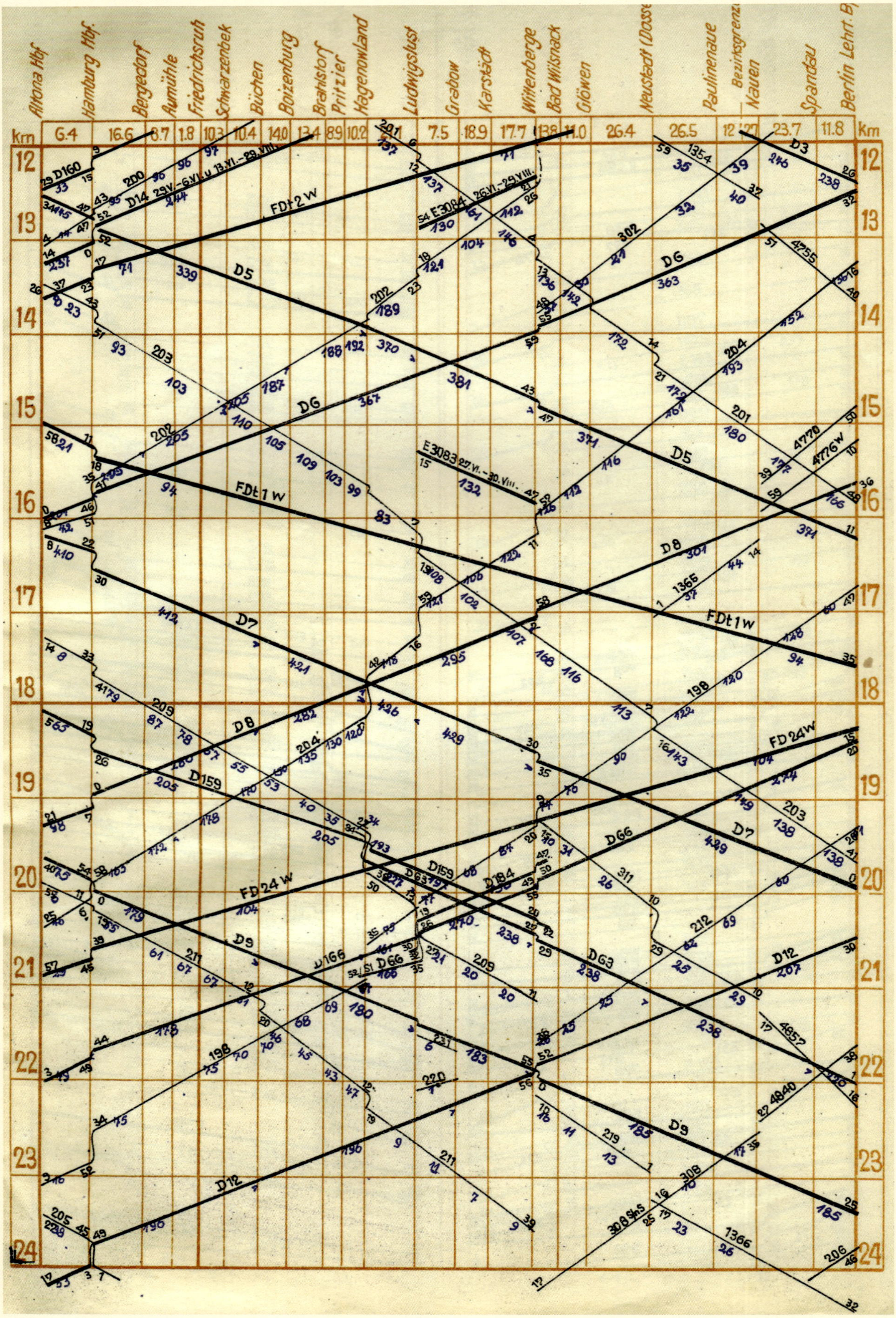

Sammlung Dierk Lawrenz

Bildfahrplan der RBD Altona vom Sommer 1936 für die zweite Tageshälfte. Zu sehen sind alle Züge des Personenverkehrs mit Ausnahme des Vorortverkehrs. Schnellfahrende Reisezüge sind fett unterlegt. Interessant ist, dass daran eine Zusatzinformation geknüpft ist – die (blaue) Zahl der Reisenden. Sie ist an drei Werktagen erhoben (Dienstag, den 24. bis Donnerstag, den 26. August) und anschließend gemittelt worden. Anderthalb Wochen zuvor ging die Olympiade zu Ende. Die normalen Tages-D-Züge (D 5/7/8) wurden am besten angenommen. Auch die „Fliegenden Züge" mit ihrem begrenzten Platzangebot erfreuten sich einer hohen Buchungsquote.

Berlin | immer eine Reise wert

Nähere Infos zu den einzelnen Artikeln unter: www.EKshop.de

EISENBAHN KURIER
VORBILD UND MODELL

NEU!

Berliner S-Bahn
Ein Jahrhundert elektrisch durch die Stadt
Laufzeit: ca. 58 Minuten
€ 19,80 · Bestellnr. 8605
erscheint Sommer 2021

Berliner S-Bahn

Ein Jahrhundert elektrisch durch die Stadt

Die wechselvolle Geschichte der Berliner S-Bahn
Mit der Elektrifizierung der Strecke vom Stettiner Bahnhof nach Bernau beginnt 1924 die Geschichte der Berliner Gleichstrom S-Bahn. Nach den Bauarten „Bernau" und „Oranienburg" folgt 1928 die in großen Stückzahlen gebaute Bauart „Stadtbahn". Die rotgelben Gleichstromzüge werden zum Vorbild für den modernen Nahverkehr.
Der Zweite Weltkrieg, die politische Teilung und der Mauerbau haben im Berliner S-Bahnnetz lange Zeit ihre Spuren hinterlassen. Erst Ende 1997 fahren die letzten Stadtbahnzüge. Begleiten Sie uns durch die Fahrzeug- und Streckengeschichte vor und nach dem Krieg. Sehen Sie Neubauzüge wie den ET170 und die Baureihe 270. Wir zeigen Ihnen den Niedergang in West-Berlin bis hin zur Übernahme durch die BVG und den Neubauzug 480. Erleben Sie die Wendezeit, Geisterbahnhöfe, die Baureihe 481 und den langsamen Abschied der Altbauzüge. In der Gegenwart zeigen wir Ihnen den Zustand heute: 485 vor dem „Aus", modernisierte 480/481 und natürlich die neuen Baureihen 483 und 484.

Berliner Nahverkehr im kalten Krieg
1945 – 1990
[2017] · ca. 58 Minuten
€ 19,80 · Bestellnr. 8420

Konrad Koschinski / Michael Krolop
Oliver Sydow
Die S-Bahn in Berlin
Eine fotografische Reise durch die achtziger und neunziger Jahre
[2020] · 300 x 210 mm
152 Seiten · 152 Abb.
€ 39,90 · Bestellnr. 6864

Die S-Bahn in Berlin

Eine fotografische Reise durch die achtziger und neunziger Jahre

Mit dem Fall der Mauer vor über 30 Jahren gewann das Netz der Berliner S-Bahn plötzlich seine ursprüngliche Bedeutung wieder zurück.

Dieses Buch nimmt den Leser mit auf eine Reise durch die 80er und 90er Jahre und lässt ihn fotodokumentarisch das geteilte und das wiedervereinigte Netz im Ost- und Westteil der Stadt noch einmal mit erleben.

Michael Bleckmann / Michael Krolop
Bernd Oliver Sydow
Eisenbahnen in Berlin
Eine Zeitreise durch die achtziger und neunziger Jahre
[2012] · 300 x 210 mm
160 Seiten mit 156 Abbildungen
€ 39,90 · Bestellnr. 234

Berliner Schienenverkehr
Die Verkehrsmetropole 30 Jahre nach dem Mauerfall
[2019] · ca. 58 Minuten
€ 19,80 · Bestellnr. 8465

Berliner Schienenverkehr

Die Verkehrsmetropole 30 Jahre nach dem Mauerfall

Der 9. November 1989 ist ein historisches Datum für Deutschland. Für den Schienenverkehr in der ehemals geteilten Stadt Berlin beginnt eine neue Zeit: Alte Bahnhöfe und Strecken werden wiedereröffnet oder wiederverbunden. Neue Strecken und Bahnhöfe entstehen, der Lehrter Bahnhof wird zum Hauptbahnhof. 30 Jahre nach dem Mauerfall ist die Stadt kaum wiederzuerkennen.
Wir haben diese spannenden Jahrzehnte in vielen unveröffentlichten Szenen dokumentiert. Wir zeigen den Betrieb zur Wende und die rasante Entwicklung bis heute; bei der Eisenbahn, der Straßenbahn und der U-Bahn. Abgerundet wird der Film durch Einsätze historischer Fahrzeuge, die Entwicklung der Museumsszene, Berichte von Zeitzeugen und vieles mehr: die Verkehrsgeschichte der Hauptstadt nach der Wende in faszinierenden Szenen.

EK-Verlag GmbH – Eisenbahn-Kurier · Lörracher Straße 16 · 79115 Freiburg · Tel. 07 61 / 70 310 - 0 · Fax 07 61 / 70 310 - 50
service@eisenbahn-kurier.de · Homepage: www.eisenbahn-kurier.de · Shop: www.EKshop.de

Sammlung FDE

Sommer 1939. Die nicht mehr amtierende Weltrekordlok, da am 3. Juli 1938 die englische A4 4468 *MALLARD* (Wildente) auf der Nordost-Hauptbahn London – Schottland 203 km/h erzielt hatte, am Bahnbetriebswerk in Berlin Lehrter Bahnhof. Ihre Rückleistung nach Hamburg-Altona lautete FD 26 (siehe unten).

Sammlung Radke

Mit schnittigen Fortbewegungsmitteln (Dampfzug inklusive), der Muse, dem Wannsee und nationalsozialistischen Prachtbauten warb Berlin auf diesem Plakat von 1938.

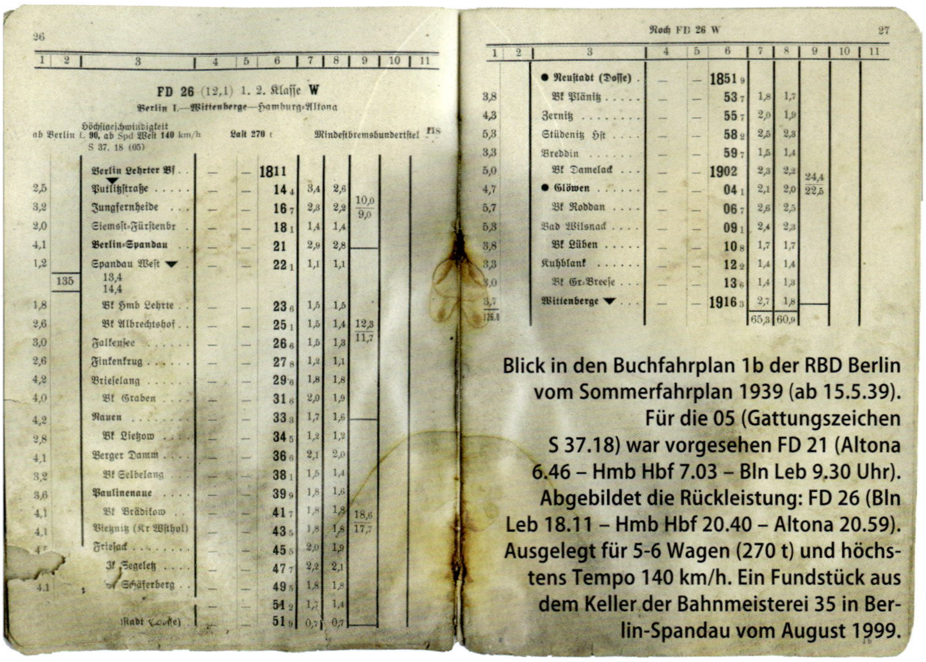

26

FD 26 (12,1) 1. 2. Klasse W

Berlin L.—Wittenberge—Hamburg-Altona

Höchstgeschwindigkeit ab Berlin L. 90, ab Spd West 140 km/h S 37. 18 (05) — Last 270 t — Mindestbremshundertstel 118

1	2	3	4	5	6	7	8	9	10	11
		Berlin Lehrter Bf	—	—	1811					
2,5		Putlitzstraße	—	—	14 4	3,4	2,6	10,0/9,0		
3,2		Jungfernheide	—	—	16 7	2,3	2,2			
2,0		Siemsst-Fürstenbr	—	—	18 1	1,4	1,4			
4,1		Berlin-Spandau	—	—	21	2,9	2,8			
1,2		Spandau West	—	—	22 1	1,1	1,1			
	135	13,4 14,4								
1,8		Bk Hmb Lehrte	—	—	23 6	1,5	1,5			
2,6		Bk Albrechtshof	—	—	25 1	1,5	1,4	12,3/11,7		
3,0		Falkensee	—	—	26 6	1,5	1,3			
2,6		Finkenkrug	—	—	27 8	1,2	1,1			
4,2		Brieselang	—	—	29 6	1,8	1,8			
4,0		Bk Graben	—	—	31 6	2,0	1,9			
4,2		Nauen	—	—	33 3	1,7	1,6			
2,8		Bk Lietzow	—	—	34 5	1,2	1,2			
4,1		Berger Damm	—	—	36 6	2,1	2,0			
3,2		Bk Selbelang	—	—	38 1	1,5	1,4			
3,6		Paulinenaue	—	—	39 9	1,8	1,6			
4,1		Bk Brädikow	—	—	41 7	1,8	1,8	18,6/17,7		
4,1		Vietznitz (Kr Wsthvl)	—	—	43 5	1,8	1,8			
4[illegible]		Friesack	—	—	45 5	2,0	1,9			
		Bf Segeletz	—	—	47 7	2,2	2,1			
4,1		[illegible] Schäferberg	—	—	49 5	1,8	1,8			
		[illegible]	—	—	51 2	1,7	1,4			
		[illegible]stadt (Dosse)	—	—	51 9	0,7	0,7			

Noch FD 26 W — 27

1	2	3	4	5	6	7	8	9	10	11
		● Neustadt (Dosse)	—	—	1851 9					
3,8		Bk Plänitz	—	—	53 7	1,8	1,7			
4,3		Zernitz	—	—	55 7	2,0	1,9			
5,3		Stüdenitz Hst	—	—	58 2	2,5	2,3			
3,3		Breddin	—	—	59 7	1,5	1,4			
5,0		Bk Damelack	—	—	1902	2,3	2,2	24,4/22,5		
4,7		● Glöwen	—	—	04 1	2,1	2,0			
5,7		Bk Roddan	—	—	06 7	2,6	2,5			
5,3		Bad Wilsnack	—	—	09 1	2,4	2,3			
3,8		Bk Lüben	—	—	10 8	1,7	1,7			
3,3		Kuhblank	—	—	12 2	1,4	1,4			
3,0		Bk Gr.-Breese	—	—	13 6	1,4	1,3			
3,7		Wittenberge	—	—	1916 3	2,7	1,8			
126,8						65,3	60,9			

Blick in den Buchfahrplan 1b der RBD Berlin vom Sommerfahrplan 1939 (ab 15.5.39). Für die 05 (Gattungszeichen S 37.18) war vorgesehen FD 21 (Altona 6.46 – Hmb Hbf 7.03 – Bln Leb 9.30 Uhr). Abgebildet die Rückleistung: FD 26 (Bln Leb 18.11 – Hmb Hbf 20.40 – Altona 20.59). Ausgelegt für 5-6 Wagen (270 t) und höchstens Tempo 140 km/h. Ein Fundstück aus dem Keller der Bahnmeisterei 35 in Berlin-Spandau vom August 1999.

Sammlung Helmut Starck

Unterdessen hatte sich die Hauptbahn zwischen den Metropolen zu einer bevorzugten Piste für Probe- und Versuchsfahrten der in Berlin Grunewald ansässigen Lokomotiv-Versuchsanstalt (LVA) herauskristallisiert: beispielsweise für Hochgeschwindigkeitsfahrten von 17 1202 und 03 033 (Januar-März 1933), ebensolchen mit 45 001 (März/April 1938), 06 001 (Mai 1939) und 03 1002 (April/Mai 1940). Schnellfahrende Exoten und Experimentalfahrzeuge, wie die Vierzylinderverbund-Mitteldruckloks 02 101 und 102 sowie die Dampfmotorlok 19 1001 setzte das Bw Altona 1935 bzw. 1942/43 auf der Berliner Schiene sogar im Regelzugdienst ein.

Längst hatte die Militarisierung der Reichsbahn eingesetzt. Im Fahrplangefüge widerspiegelte sich ein Wendepunkt des Immer-schneller-Werdens. Er ist in den Fahrplanjahren 1936-38 zu verorten. Anschließend setzte eine Entspannung ein: erst nur um wenige Minuten, dann gravierend. Mit der Mobilmachung und dem Inkrafttreten des Höchstleistungsfahrplanes Ende August 1939 hatte die DR alle Dieselmotoren ihrer

Max Blumhagen/Sammlung Klaus-Dieter Schichan

Erinnerungsfoto in Friedrichsruh. Max Blumhagen aus Cottbus absolvierte im Frühjahr 1938 seinen „Heizerlehrer-Lehrgang" beim Lokomotiv-Versuchsamt Berlin-Grunewald. Am 1. April hatte er den Rost der großen Dreizylinder-Güterzuglok 45 001 (mit 20 atm Kesseldruck) auf einer Versuchsfahrt nach Hamburg zu beschicken. Man simulierte mit Messwagen und Bremslok einen 980 t schweren Zug bei 100 km/h.

Mit der Baureihe 06, ein Jahr nach der BR 45 ebenfalls auf Erprobung, gaben die größten und schwersten Dampflokomotiven der Deutschen Reichsbahn ihr kurzfristiges Debüt zwischen Berlin und Hamburg. Während eines Betriebshalts in Hagenow-Land im Mai 1939 hatte man die Riesin (Länge über Puffer 26,5 m) von einem Verkleidungsblech an den Schiebern befreit.

Theodor Düring/Sammlung FDE

Fliegenden Züge auszuschalten, um dem Spritdurst der Wehrmacht zu stillen.

Dem Unheil entgegen

Am 1. Dezember, drei Monate seit Kriegsbeginn, gibt es die erste gedruckte und gebundene Übersicht des Bahnverkehrs Hamburg – Berlin. Laut Taschenfahrplan der RBD Hamburg (löste Altona mit dem Erlass des Groß-Hamburg-Gesetzes vom 1.4.37 ab), verkehrten fünf D-Zugpaare; der schnellste von ihnen war abends der D 10 (Leb 18.54 – Hmb 22.01), unter vierminütigem Halt in Ludwigslust in drei Stunden und sieben Minuten.

Wo blieben die Einheitslokomotiven für den Güterverkehr? Erst im Krieg erschien die Baureihe 50 auf der Strecke. Willem Soesbergen, ein aus den Niederlanden stammender Heizer eines Museumsschiffs, erzählte mir auf dem Hafengeburtstag in Hamburg 1989, dass er 1942/43 als Zwangsarbeiter auf 50ern des Bw Hamburg-Eidelstedt geheizt habe und regelmäßig bis Wittenberge und sogar weiter bis Wustermark und Ruhleben gekommen sei. Während des Krieges standardisierten die Fahrplantechnologen die Läufe, Zeiten und Lasten der Züge zunehmend dahingehend, als das sie sie auf die gattungsgerecht schwächste Baureihe anpassten. Soll heißen: Laut Anhang zum Buchfahrplan Heft 1c der RBD Hamburg – gültig vom 2. November 1942, in der Ausgabe vom 17. Mai 1943 – sind 96 Trassen für Bedarfs-Durchgangsgüterzüge Hamburg – Wittenberge nicht etwa auf die BR 50 sondern ausschließlich mit 55 km/h Höchstgeschwindigkeit bei 1.400 t Maximallast für die BR $55^{25\text{-}56}$ berechnet. Unisono glich man sämtliche D-Zugpläne auf 600 t Gewicht und V_{max} 100 km/h für das Leistungsvermögen der BR 03 an. Zudem gab es weiterhin vier durchgehende Personenzugpaare (P 198/199, 202/201, 204/203, 206/205). Mit 36 Halten zwischen sechs und sieben Stunden unterwegs, eigneten sich der 206 und 205 auch als preisgünstige gleichwohl robuste Nachtverbindungen zwischen den Metropolen.

An das Los vieler Anderer sei an dieser Stelle erinnert: Am 6. Juli 1942 wurden die Reichsbahndirektion Schwerin durch die Gestapo darüber informiert, dass „am 11.7.1942 ... aus dem Bereiche der Staatspolizeistelle Schwerin 91 Juden nach dem Osten evakuiert

Sammlung Robin Garn

Ein sonniger Frühlingstag an der Alster. Frauen, Männer und Kinder, alle in Mänteln und mit Hut, machen einen Spaziergang auf der Lombardsbrücke – auf Augenhöhe mit den Gleisen und nur durch einen schmiedeeisernen Zaun vom Geschehen getrennt. Ein Hamburger Jung umgreift eine Zaunstrebe, hält sich vor Staunen fest. Er sieht als Erstes, was herannaht. Die Wahrscheinlichkeit ist groß, dass es sich bei der Lok um den Prototyp der Baureihe 03^{10} handelt. 03 1001 aus dem Hause Borsig wurde am 5. Dezember 1939 angeliefert und ersten Tests seitens der Lokversuchsanstalt Grunewald unterzogen, ehe man sie am 28. Februar 1940 an das Bahnbetriebswerk Altona überreichte, um sie im Betriebsdienst auf der Berlin-Strecke einzusetzen. Dem Lichtstand nach kommt sie hier mit dem etwa 450 Tonnen schweren D 6 aus der Hauptstadt daher. Mit ihm hatte sie den Lehrter Bahnhof um 12.39 Uhr verlassen und erreichte um 16 Uhr den Hamburger Hauptbahnhof. Nun, nach sechsminütigem Aufenthalt, dampft sie weiter auf der Verbindungsbahn, überquert die Alster, um nach einen kurzen Halt in Dammtor (16.11) dem Endbahnhof Altona (an 16.24) zuzustreben. Der namenlose Fotograf sitzt im offenen Fond eines Automobils, einer Taxe vielleicht. Privat- und Bequemlichkeitsfahrten konnte man kaum noch unternehmen. Ab Juni 1940 wurde Benzin auch für Lastwagen und Kraftdroschken drastisch rationiert.

Sammlung Alfred Gottwaldt

Hier, in Hamburg Hbf an einem Nachmittag im Frühjahr 1943, steht das wagemutigste Experiment des Dampflokbaus zu jener Zeit: 19 1001. An jeder ihrer vier Treibachsen hing ein Zweizylinder-Dampfmotor. Der Einzelachsantrieb soll sie auf 175 km/h beschleunigen. Bei dieser Betriebsmessfahrt vor D 7 nach Berlin-Lehrter Bahnhof dürfte das kaum möglich sein. Vom Fahrplan her reicht Tempo 100. Die Bahnhofshalle wird nicht etwa renoviert, sondern darauf vorbereitet, im Luftkrieg getarnt zu werden.

Sammlung Helmut Starck

Sammlung Robin Garn (2)

Zwei Buchfahrpläne unserer Strecke aus dem Krieg. In den Vorbemerkungen des Heftes für die Reisezüge zum Sommerfahrplan 1941 steht geschrieben: „Die planmäßigen Fahrzeiten sind bei Reisezügen so bemessen, daß eine Geschwindigkeit von 90 km/h nicht überschritten wird." Dennoch, alle D-Züge sind auf 600 t Gewicht für die Baureihe 03 taxiert und dürfen zwischen Friedrichsruh und Spandau West theoretisch 120 km/h fahren. Das ändert sich im weiteren Kriegsverlauf. Der Buchfahrplan zum 3. Juli 1944 erläutert allgemein ein Tempolimit von Tiefstack bis Spandau West von 100 km/h.

Der Güterzugfahrplan 1942/43 taktet zu den vorhandenen 196 zusätzliche Frachtzugtrassen ein, die sowohl für den öffentlichen Verkehr als auch zu Zwecken der Wehrmacht belegt werden können.

werden." Am 10. Juli wurden die betroffenen Menschen nach Ludwigslust gefahren, um dort am nächsten Tag dem aus Hamburg kommenden Transportzug angeschlossen zu werden. Dieser sollte Ludwigslust fahrplanmäßig um 13.39 Uhr verlassen *[StadtArchiv Rostock, 1.1.8. Nr. 646]*. Sein Weg: durch Berlin, sein Ziel: das Ghetto von Theresienstadt.

Der größte deutsche Betrieb und seine (als Beamte auf den Führer eingeschworene) Gefolgschaft rollte in diesem neuen Krieg nicht einem Sieg, sondern ihrem Unheil entgegen. Die Wochenzeitung *Das grüne Blatt* brachte 1953/54 unter dem Titel „Wir wollten keine Helden sein" eine Serie über den Kampf und Untergang der Deutschen Reichsbahn im Zweiten Weltkrieg heraus. In Ausgabe 6/1954 wird an den Abend des 24. Juli 1943 im Hamburger Hauptbahnhof erinnert, zu Beginn der Operation Gomorrha, einer bis dato beispiellosen Welle konzentrierter Luftangriffe. Nachfolgend einige Auszüge …

„Von Altona her ist der Personenzug nach Berlin in die große Halle des Hamburger Hauptbahnhofs eingefahren *[P 205: Altona 22.14 – Hamb. Hbf 22.29-.39 – Bln Leb 5.22]*. Schaffnerin Erika Karsten ist vom Dienstabteil auf den Bahnsteig gesprungen. Die Reisenden haben den Zug bestiegen, man richtet sich in den Abteilen für eine lange Nachtfahrt ein. Man reist in dem sicheren Gefühl, daß trotz zunehmender Luftgefahr noch immer jeder in Deutschland an sein Ziel kommt. Der Feind hat das deutsche Transportwesen auf der Schiene bisher nur behindern können.

Der Oberamtmann, Vorsteher des Hauptbahnhofs, ist gerade auf dem Gang von der Dienstwohnung zur großen Bahnhofshalle, als Voralarm gegeben wird. Er schreitet etwas zu und erlebt, wie die Menschen von den verschiedensten Stellen des Bahnhofs her zu den Eingängen des gerade fertiggewordenen drei Stockwerke tiefen Bahnhofsbunkers strömen. Er selbst sucht pflichtgemäß das Zimmer 126, seine Kommandostelle als Bahnhofsvorstand bei Fliegeralarm auf. Nach wem wird das flammende Verberden heute greifen? Nach … er wagt nicht zu Ende zu denken … nach uns? Sie haben ihn bisher immer nur ‚geritzt', den Hauptbahnhof. Wie alle Bahnhofsleiter hat man auch ihn zum Luftschutzleiter ernannt. Als er sich dem Luftschutz-Befehlsraum nähert – heult es draußen auf. Es heult von tausend Dächern, es heult über das Meer der erwachenden Häuser, es heult in den Schlummer erwachender Kinder.

Die Berichte vom Fernsprecher überschlagen sich bald. Man kann hier unten im Bunker nur das dumpfe Grollen schwerer Bombenwürfe hören. Aus den hastenden, zerrissenen Meldungen ahnt der Oberamtmann die Schwere des Angriffs.

Er hat jetzt rasch eine Entscheidung zu treffen: Entweder die Menschen mit dem in der Einfahrt wartenden Berliner D-Zug *[DmW 10: Bln Leb 18.56 – Hamb. Hbf 22.55/23.05 – Altona 23.20]* eiligst in die Bahnhofshalle und in den rettenden Bunker zu bringen oder sie draußen auf dem Gleis ihrem Schicksal zu überlassen und an ihrer Statt den abfahrbereiten Berliner Personenzug in der Halle zu lassen und diese Reisenden in den Bunker zu schicken.

Im Befehlsraum des Bunkers ist es mäuschenstill. Alle sehen gebannt auf den großen, robusten, ruhigen Mann, der hier in Sekunden Befehle austeilt, die Entscheidungen über Leben und Tod bedeuten können. „D-Zug Berlin sofort einfahren, Personenzug Berlin ausfahren!"

Als gespenstisch beide Züge aneinander vorbeigleiten, loht durch große Teile Hamburgs bereits die Brandfackel des Todes, und während die Reisenden aus Berlin im Bahnhof noch den Bunker erreichen, fährt der Berliner Personenzug in das grausige Furioso hinein, das über Rothenburgsort, Hamm und Hammerbrook niedergeht.

Rechts und links vom Bahndamm bricht eine Welt zusammen. Der Lokführer erkennt jäh, daß ihm der Weg, mit seinem Zug aus der Hölle zu entkommen, verbaut ist. Halt auf freier Strecke, während Bomben niederprasseln und zerbersten und immer neue Phosphortannenbäume vom Himmel regnen. Alles aus den Abteilen, Deckung suchen in den Rinnen des Bahndamms, in Vertiefungen, wo sie sich nur bieten.

Menschen, Männer, Frauen, Kinder, Soldaten hasten rufend, schreiend, stolpernd hinaus. Der Lärm des

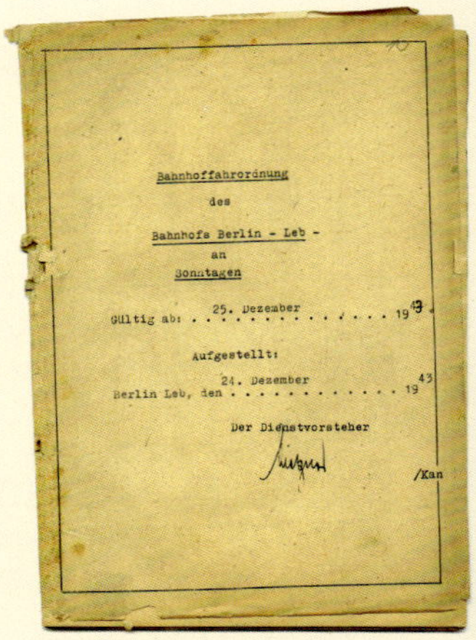

Berlin-Leb, Bahnhofsfahrordnung, gültig ab Weihnachten 1943 im Verkehr mit Hamburg(-Altona):
5.22 an Gl.5 P 205
7.26 ab Gl.1 SFR 1093
9.16 ab Gl.1 P 204
10.38 an Gl.5 DmW 1
11.36 ab Gl.1 D 6
12.29 an Gl.5 P 197
12.52 an Gl.5 DmW 3
15.06 ab Gl.1 D 8
15.57 ab Gl.1 P 198
16.35 an Gl.5 D 5
18.56 ab Gl.1 DmW 10
19.33 an Gl.5 D 7
20.45 an Gl.5 P 203
22.16 ab Gl.1 SH 2696
22.51 ab Gl.1 P 206
23.20 an Gl.5 SFR 1193.
Ansonsten 3 Dz-Paare Berlin Leb – Wilhelmshaven, zwei 2 Dz Paare Berlin Leb – Kiel, je 1 Pz-Paar Wittenberge, Stendal und Hannover. Dazu der Vorortverkehr in den Relationen Nauen, Wustermark, Finkenkrug und Falkensee.

Bombardements erstickt menschliche Angstschreie. Aber immer wieder hört man trotzdem, wenn auch in Bruchstücke zerrissen, die raschen Deckungsanweisungen und zugleich hilfsbereiten Worte der Schaffnerin Erika Karsten.

‚Geben Sie den Koffer her – Sie – Mutter, da, mit den Kindern, dahin, in das Loch da!'

Erika raste und stolperte von einem zu anderen, achtete nicht auf die Gefahr. Sie ist die Zugschaffnerin. Sie fühlt sich für all diese Menschen verantwortlich. Sie stolpert noch nach vorn und will zur Lok. Da trifft sie ein Schlag ins Gesicht. Ein glühender Splitter reißt ihr die Wange auf.

Der Oberamtmann konnte es nicht ahnen, als er den Berliner Personenzug abließ, daß dieser mitten ins todspeiende Verderben fuhr. Dank der Umsicht des Zugpersonals, dank auch des gnädigen Wunders, daß an dieser Stelle des haltenden Zuges keine Volltreffer runtergingen, gab es unter den Reisenden keine Toten. Nur Erika Karsten wurde als einzige verletzt.

Zehntausende aber sterben in dieser Nacht in Hamburg."

In den Hauptkampflinien

1945: Die Lebenserwartung eines zu Jahresbeginn eingezogenen deutschen Rekruten betrug vier Monate. Unaufhaltsam kehrte der Krieg zurück zum Ausgangspunkt, dem Regierungsviertel in Berlin. Selbst dort war es nicht mehr sicher. Aus der einst mächtigen Generalverkehrsdirektion (GVD) im Osten, mit Sitz in Warschau, der die Reichsverkehrsdirektionen (RVD) im Russlandfeldzug (Riga, Minsk, Kiew und Dnjepropetrowsk) unterstellt waren, schälte man die Frontbetriebsleitung Ost und verlagerte sie nach Königs Wusterhausen, südöstlich von Berlin. Doch mit der Nähe zur Oderfront verlegte sie ihren Sitz in der Nacht vom 21. zum 22. Februar nach Nauen, an die Berlin – Hamburger Bahn. Unterdessen rüsteten sich 3500 angloamerikanische Bomber und 3000 Kampfflugzeuge zur größten Luftangriffskampagne des Zweiten Weltkriegs. Sie starteten am Morgen. Ziel der Operation Clarion war die Zerstörung zahlreicher Verkehrsanlagen innerhalb von 48 Stunden im Deutschen Reich; und zwar zwischen Emden, Köln, Berlin und Wien. 200 Anlagen wurden bombardiert, darunter die nordwestliche Einfahrt des Bahnhofs Ludwigslust. Dennoch stellten viele Arbeiter ein Durchfahrgleis wieder her.

Am 20. April 1945 dann dürften die letzten durchgehenden Züge Hamburg oder Berlin erreicht haben. Stalin ante portas. Der Bahnhof Nauen, westlich von Berlin strategisch an Bedeutung gewonnen, stand an jenem Tag mit den Verschiebebahnhöfen Wustermark und Seddin auf der Abwurfliste der 8. US Air Force. Mehr darüber auf der Webseite *historisches-nauen.de*: „Zum Zeitpunkt des Angriffs warteten Zivilisten und Wehrmachtsangehörige auf den Bahnsteigen auf ihren Zug, andere Reisende hielten sich in den Wartesälen oder der Bahnhofsgaststätte auf. Sowohl auf den oberen Ferngleisen als auch auf den unteren Gleisen des Ketziner Bahnhofs standen Güterzüge, beladen mit Kriegsmaterial wie technische Ausrüstungen und ein Fernmeldezug der Wehrmacht. Auf dem Güterbahnhof befand sich ein kleines Lager für Kriegsgefangene, die beim Be- und Entladen der Waggons helfen mussten. Die Reisenden, die in den Splittergräben vor dem Bahnhofsgebäude Schutz gesucht hatten, wurden von den Bomben bis zur Unkenntlichkeit zerrissen. Sie hatten keine Chance. Aber auch die Keller der umliegenden Wohnhäuser waren nicht ausreichend gesichert, dass sie einem derartigen Bombardement standhalten konnten. Das Staatsbahnhofsgebäude und ein Stellwerk zerbarsten und die Gleisanlagen auf der Berlin-Hamburger Strecke waren so stark beschädigt, dass der Zugverkehr nun auch ab Nauen eingestellt werden musste."

Acht Tage später rückte der Lehrter Bahnhof in die Hauptkampflinie, lag er doch am Herz des Regierungsviertels, dem Reichstag und der Neuen Reichskanzlei. Vor der Eroberung mussten die Soldaten der Roten Ar-

22. Februar 1945: Die Bombardierung der Bahnanlagen im Norden von Wittenberge aus Sicht eines B17-Bombers der US Air Force. In der Diagonalen die Hauptbahn Hamburg – Berlin, wo von links unten die Strecke aus Pritzwalk einfädelt und rechts die Bahn nach Dömitz abzweigt, detoniert der Bombenteppich.

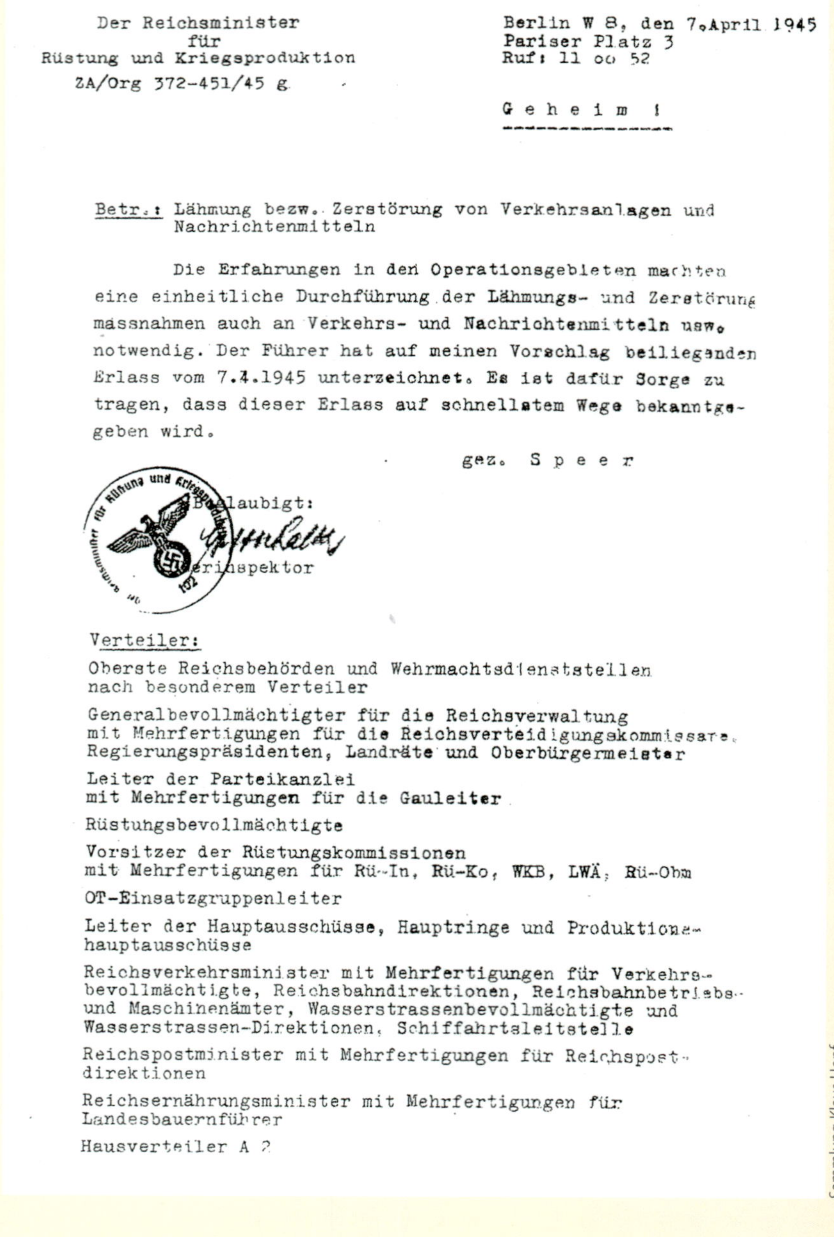

Der Reichsminister
für
Rüstung und Kriegsproduktion
ZA/Org 372-451/45 g

Berlin W 8, den 7.April 1945
Pariser Platz 3
Ruf: 11 00 52

Geheim !

Betr.: Lähmung bezw. Zerstörung von Verkehrsanlagen und Nachrichtenmitteln

Die Erfahrungen in den Operationsgebieten machten eine einheitliche Durchführung der Lähmungs- und Zerstörungmassnahmen auch an Verkehrs- und Nachrichtenmitteln usw. notwendig. Der Führer hat auf meinen Vorschlag beiliegenden Erlass vom 7.4.1945 unterzeichnet. Es ist dafür Sorge zu tragen, dass dieser Erlass auf schnellstem Wege bekanntgegeben wird.

gez. Speer

Beglaubigt:
rinspektor

Verteiler:

Oberste Reichsbehörden und Wehrmachtsdienststellen nach besonderem Verteiler

Generalbevollmächtigter für die Reichsverwaltung mit Mehrfertigungen für die Reichsverteidigungskommissare, Regierungspräsidenten, Landräte und Oberbürgermeister

Leiter der Parteikanzlei mit Mehrfertigungen für die Gauleiter

Rüstungsbevollmächtigte

Vorsitzer der Rüstungskommissionen mit Mehrfertigungen für Rü-In, Rü-Ko, WKB, LWÄ, Rü-Obm

OT-Einsatzgruppenleiter

Leiter der Hauptausschüsse, Hauptringe und Produktionshauptausschüsse

Reichsverkehrsminister mit Mehrfertigungen für Verkehrsbevollmächtigte, Reichsbahndirektionen, Reichsbahnbetriebs- und Maschinenämter, Wasserstrassenbevollmächtigte und Wasserstrassen-Direktionen, Schiffahrtsleitstelle

Reichspostminister mit Mehrfertigungen für Reichspostdirektionen

Reichsernährungsminister mit Mehrfertigungen für Landesbauernführer

Hausverteiler A 2

Sammlung Klaus Hopf

7. April 1945: Reichsminister Speer leitet Hitlers „Nero"-Befehl zur Zerstörung von Verkehrsanlagen, vornehmlich Brücken, an alle Bahndirektionen weiter.

Sammlung Robin Garn

mee die Moltke-Brücke am Bahnhof überqueren. An ihr hatten sich zu beiden Seiten rund 5.000 SS-Soldaten und der Volkssturm verbarrikadiert.

Am 30. April – vier Tage, nachdem ein alliierter Luftangriff den Bahnhof Büchen zerstörte – sprengten sich hier verschanzende deutsche Einheiten die Eisenbahnbrücke der Berliner Strecke über den Elbe-Trave-Kanal: Ein letzter Gruß der Wehrmacht an welche Nachkriegsordnung auch immer. Zwischen britischen und sowjetischen Truppen verlief die Demarkationslinie am 3. Mai 1945 zwischen Ludwigslust und Grabow, ehe am 1. Juli die Sowjets (gemäß den Beschlüssen der Antihitlerkoalition vom Jalta) weiter nach Westen rückten, bis an die Grenze zum Herzogtum Lauenburg westlich der Blockstelle Zweedorf zwischen den Bahnhöfen Schwanheide und Büchen.

Die Russen haben sich, massenhaft und bis an die Zähne bewaffnet, also bis nach Zweedorf ergossen. Wären sie von sich aus gekommen? Wohl kaum. Ein Mann hat es geschafft, Deutschland mit sich in den Abgrund zu reißen. 2.077 Tage dauerte Hitlers Krieg. In ihm starben – nach Angaben der Bundeszentrale für politische Bildung – im Schnitt stündlich 1.000 Menschen, davon 100 deutsche Soldaten.

Als die Waffen schwiegen, konnte von einer Eisenbahnverbindung Hamburg – Berlin keine Rede mehr sein.

NARA

30. April 1945: Als über dem Reichstag die Rote Fahne weht, marschieren müde deutsche Landser am Lehrter Bahnhof durch die brennende deutsche Hauptstadt in die russische Gefangenschaft. Jeder Dritte wird sterben. Die Letzten erst Anfang 1956 heimkehren.

Streckenkarte Hamburg – Berlin

Auf Basis eines Plans der Deutschen Bundesbahn von 1960. Bahnhöfe in eckigen Klammern sind stillgelegt

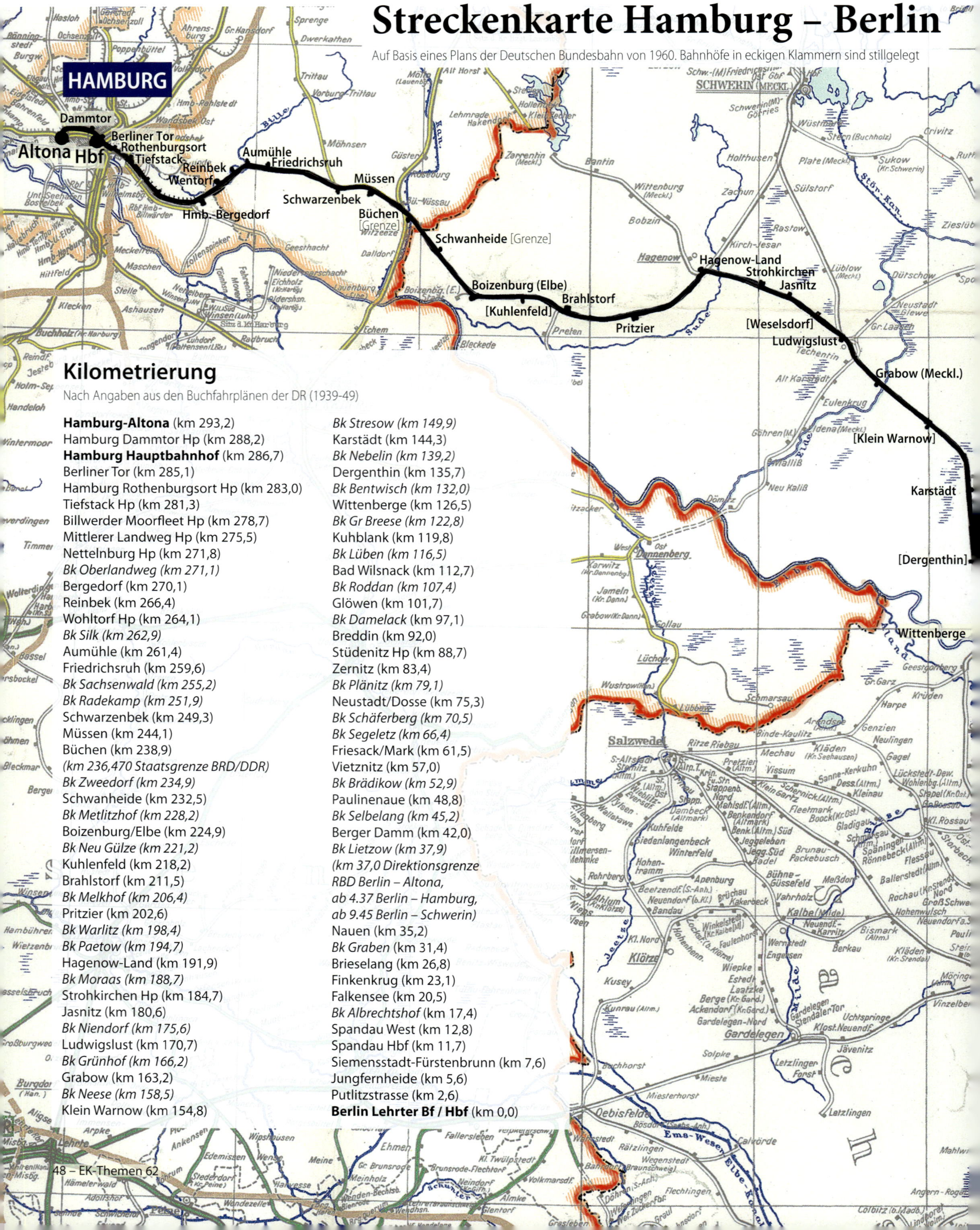

Kilometrierung

Nach Angaben aus den Buchfahrplänen der DR (1939-49)

Hamburg-Altona (km 293,2)
Hamburg Dammtor Hp (km 288,2)
Hamburg Hauptbahnhof (km 286,7)
Berliner Tor (km 285,1)
Hamburg Rothenburgsort Hp (km 283,0)
Tiefstack Hp (km 281,3)
Billwerder Moorfleet Hp (km 278,7)
Mittlerer Landweg Hp (km 275,5)
Nettelnburg Hp (km 271,8)
Bk Oberlandweg (km 271,1)
Bergedorf (km 270,1)
Reinbek (km 266,4)
Wohltorf Hp (km 264,1)
Bk Silk (km 262,9)
Aumühle (km 261,4)
Friedrichsruh (km 259,6)
Bk Sachsenwald (km 255,2)
Bk Radekamp (km 251,9)
Schwarzenbek (km 249,3)
Müssen (km 244,1)
Büchen (km 238,9)
(km 236,470 Staatsgrenze BRD/DDR)
Bk Zweedorf (km 234,9)
Schwanheide (km 232,5)
Bk Metlitzhof (km 228,2)
Boizenburg/Elbe (km 224,9)
Bk Neu Gülze (km 221,2)
Kuhlenfeld (km 218,2)
Brahlstorf (km 211,5)
Bk Melkhof (km 206,4)
Pritzier (km 202,6)
Bk Warlitz (km 198,4)
Bk Paetow (km 194,7)
Hagenow-Land (km 191,9)
Bk Moraas (km 188,7)
Strohkirchen Hp (km 184,7)
Jasnitz (km 180,6)
Bk Niendorf (km 175,6)
Ludwigslust (km 170,7)
Bk Grünhof (km 166,2)
Grabow (km 163,2)
Bk Neese (km 158,5)
Klein Warnow (km 154,8)
Bk Stresow (km 149,9)
Karstädt (km 144,3)
Bk Nebelin (km 139,2)
Dergenthin (km 135,7)
Bk Bentwisch (km 132,0)
Wittenberge (km 126,5)
Bk Gr Breese (km 122,8)
Kuhblank (km 119,8)
Bk Lüben (km 116,5)
Bad Wilsnack (km 112,7)
Bk Roddan (km 107,4)
Glöwen (km 101,7)
Bk Damelack (km 97,1)
Breddin (km 92,0)
Stüdenitz Hp (km 88,7)
Zernitz (km 83,4)
Bk Plänitz (km 79,1)
Neustadt/Dosse (km 75,3)
Bk Schäferberg (km 70,5)
Bk Segeletz (km 66,4)
Friesack/Mark (km 61,5)
Vietznitz (km 57,0)
Bk Brädikow (km 52,9)
Paulinenaue (km 48,8)
Bk Selbelang (km 45,2)
Berger Damm (km 42,0)
Bk Lietzow (km 37,9)
(km 37,0 Direktionsgrenze
RBD Berlin – Altona,
ab 4.37 Berlin – Hamburg,
ab 9.45 Berlin – Schwerin)
Nauen (km 35,2)
Bk Graben (km 31,4)
Brieselang (km 26,8)
Finkenkrug (km 23,1)
Falkensee (km 20,5)
Bk Albrechtshof (km 17,4)
Spandau West (km 12,8)
Spandau Hbf (km 11,7)
Siemensstadt-Fürstenbrunn (km 7,6)
Jungfernheide (km 5,6)
Putlitzstrasse (km 2,6)
Berlin Lehrter Bf / Hbf (km 0,0)

Streckenführung, Distanz und Zeitraum

Berlin Hamburger Bahnhof – Hamburg Berliner Bahnhof	(286,3 km)	15.12.1846 – 14.6.1882
Berlin Charlottenburg – Hamburg Berliner Bahnhof	(283,2 km)	15.6.1882 – 31.5.1883
Berlin Hamburger Bahnhof – Hamburg Berliner Bahnhof	(286,3 km)	1.6.1883 – 14.10.1884
Berlin Lehrter Bahnhof – Hamburg Berliner Bahnhof	(286,5 km)	15.10.1884 – 4.12.1906
Berlin Lehrter Bahnhof – Hamburg Hauptbahnhof	(286,7 km)	5.12.1906 – April 1945
Berlin Zoologischer Garten – Hamburg Hauptbahnhof	(285,8 km über Spandau/Falkensee)	10.9.1949 – 5.12.1961
Berlin Zoologischer Garten – Hamburg Hauptbahnhof	(309,6 km über Wannsee/Griebnitzsee)	6.12.1961 – 25.9.1976
Berlin Zoologischer Garten – Hamburg Hauptbahnhof	(289,8 km über Spandau/Staaken)	26.9.1976 – 27.5.1995
Berlin Zoologischer Garten – Hamburg Hauptbahnhof	(285,8 km über Spandau/Falkensee)	28.5.1995 – 27.5.2006
Berlin Hauptbahnhof – Hamburg Hauptbahnhof	(286,8 km)	28.5.2006 –

Elektrifizierung

Berliner Außenring, westlicher und nördlicher Abschnitt, inkl. Albrechtshof – Nauen:	25.9.1983
(Wismar – Schwerin –)Ludwigslust – Klein Warnow:	30.5.1987
Klein Warnow – Wittenberge:	28.8.1987
Nauen – Wittenberge:	30.5.1992
Nauen – Bredow – Wustermark:	31.8.1992
Bergholz b. Potsdam – Berlin-Charlottenburg – Berlin Zoologischer Garten:	3.7.1993
Hamburg – Büchen – Hagenow-Land – Ludwigslust:	29.9.1996
Albrechtshof – Berlin-Spandau:	22.5.1997
Berliner Stadtbahn Zoologischer Garten – Berlin Ostbahnhof:	24.5.1998
(Oebisfelde –) Wustermark – Berlin-Spandau:	27.9.1998
Berlin Charlottenburg/Westkreuz – Berlin-Spandau:	23.5.1997
Ferngleise nördliche Berliner Ringbahn:	28.11.2005
Berlin (Hbf tief) Nord-Süd-Fernbahntunnel:	2.2.2006

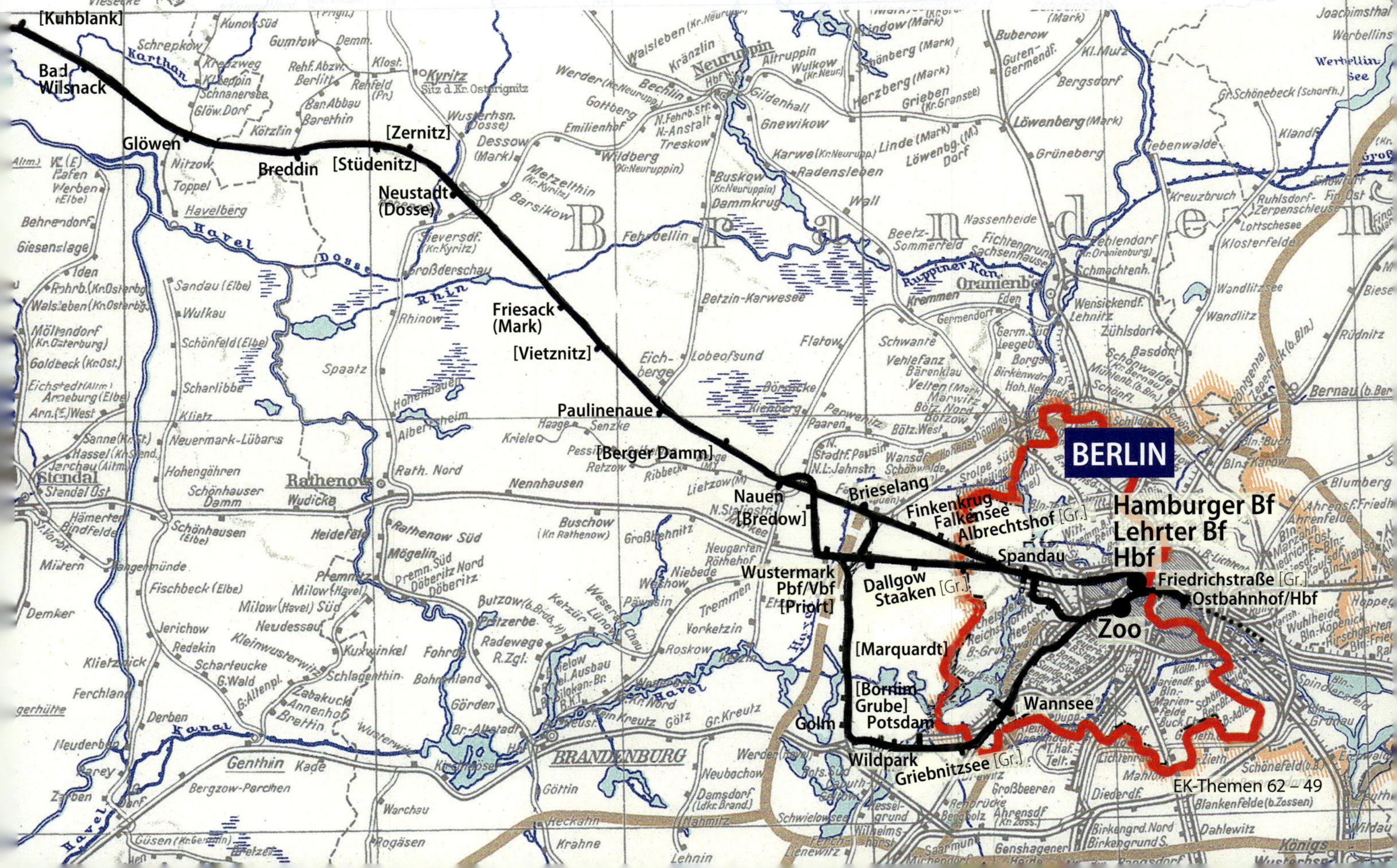

1945 – 1990

Reichsbahn (ohne Reich) und Bundesbahn, Berlin – Hamburg im Zeichen des Ost-West-Konflikts

Bönisch/Sammlung Mario Sembritzki

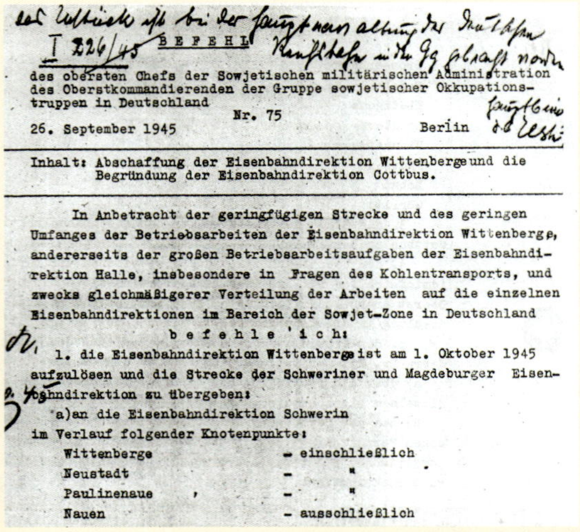

I 226/45 BEFEHL

des obersten Chefs der Sowjetischen militärischen Administration des Oberstkommandierenden der Gruppe sowjetischer Okkupationstruppen in Deutschland

Nr. 75

26. September 1945 Berlin

Inhalt: Abschaffung der Eisenbahndirektion Wittenberge und die Begründung der Eisenbahndirektion Cottbus.

In Anbetracht der geringfügigen Strecke und des geringen Umfanges der Betriebsarbeiten der Eisenbahndirektion Wittenberge, andererseits der großen Betriebsarbeitsaufgaben der Eisenbahndirektion Halle, insbesondere in Fragen des Kohlentransports, und zwecks gleichmäßigerer Verteilung der Arbeiten auf die einzelnen Eisenbahndirektionen im Bereich der Sowjet-Zone in Deutschland

befehle ich:

1. die Eisenbahndirektion Wittenberge ist am 1. Oktober 1945 aufzulösen und die Strecke der Schweriner und Magdeburger Eisenbahndirektion zu übergeben:

a) an die Eisenbahndirektion Schwerin im Verlauf folgender Knotenpunkte:

Wittenberge	– einschließlich
Neustadt	– "
Paulinenaue	– "
Nauen	– ausschließlich

Sammlung Klaus Hopf

Zehn Nachkriegswochen währte die Reichsbahndirektion Wittenberge, auf Befehl der Sowjets.

Wo kann ich was organisieren? Das war die Frage der unmittelbaren Nachkriegszeit. Offenbar hatte es sich in Windeseile herumgesprochen, dass auf der Magdeburger Bahnhofsseite in Wittenberge ein Kesselwagenzug stünde, mit flüssigem Ladegut so kostbar, dass es zum Abschöpfen einlud. Speiseöl, Essig, Wein vielleicht.

Erste Sonnenstrahlen bestreichen junge Triebe und frische Blüten der Straßenbäume und Vorgärten. Ein Frühlingsmorgen wie aus dem Bilderbuch. Doch seltsam still. Aus jedem Haus wehen weiße Bettlaken oder Stofffetzen. Es ist der 3. Mai 1945, als die Rote Armee in Wittenberge einmarschiert.

Wittenberge, wichtigster Bahnhof zwischen den beiden Millionenstädten, gehörte zur RBD Hamburg und war von dieser abgeschnitten. Kaum verwunderlich, dass die Leiter der hiesigen Reichsbahnämter „kopflos“ agierten, weil plötzlich keine Anordnungen mehr „von oben“ kamen. Jedenfalls nicht mehr aus Hamburg. Von nun an übte die Sowjetische Militäradministration in Deutschland (SMAD) die oberste Regierungsgewalt aus. Sie beschloss bereits am 18. Juli, und insbesondere um die Strecke der Berliner Bahn bis vor Nauen zu verwalten, durch Befehl Nummer 010 sogar die Errichtung einer Reichsbahndirektion in Wittenberge. Auch wenn sie nur zehn Wochen bestand, ehe sie zum 1. Oktober dem Direktionsbezirk Schwerin zugeschlagen wurde (siehe SMAD-Befehl), änderte die Tatsache nichts an den immensen Problemen, vor denen die Eisenbahn in der Sowjetischen Besatzungszone (SBZ) stand:

Amputation einer 100-Jährigen

In Wittenberge fehlte es an geeigneter Lokomotivkohle, erstens, weil es der SBZ an Steinkohlevorkommen mangelte, und zweitens der direkte Zuführungsweg über die Elbe unterbrochen war. Ein großer und ein kleiner Bogen der Wittenberger Elbbrücke lagen – nach Handanlegen der Wehrmacht „für Führer, Volk und Vaterland“ – im Strom. Man musste die Brennstoffvorräte (Braunkohle) mit Holz strecken. Also bauten Eisenbahner im Bw eine Kreissäge für den Dauereinsatz und schlugen in den Wäldern bei Lenzen und Dömitz Holz. Allerdings nur so kurz, bis auf Geheiß der Siegermacht die ganze Bahnstrecke demontiert und in Einzelteilen in die SU verfrachtet wurde. Gleiches geschah ab Juli 1945 mit dem zweiten Gleis unserer Hauptstrecke – auf 230 Kilometern Länge vom Abzweig des Berliner (Innen-)Rings westlich Jungfernheide bei Streckenkilometer 6,1 bis zur Betriebsführungs- und Instandhaltungsgrenze der Ostzonen-DR zwischen Schwanheide und Büchen. Sarkastisch formuliert: pünktlich zum 100-jährigen Bestehen der Berlin-Hamburger Eisenbahn im Spätherbst 1946 hatte die Knochensäge ganze Arbeit geleistet.

In der Tat haben sich wenige Reparations- und Demontagemaßnahmen so sprichwörtlich und tief ins Bewusstsein verankert, wie die umfassende Amputation der Haupteisenbahnstrecken in der SBZ. Mit leerem Schotterbett neben dem alsbald merklich abgenutzten Betriebsgleis, mit in alten Positionen verharrenden Schranken, Signalen und Leitungen, ist diese Wunde unserer Strecke über Jahrzehnte in stummer Anklage ein treuer Begleiter geblieben.

Wann erste Züge wieder durchfuhren? Das größte Hindernis beseitigten Arbeitskolonnen, Schweißer und schwere Dampfkräne der RBD Hamburg im Beisein britischer Transportoffiziere am 26. Juni 1946, als sie in der östlichen Ausfahrt des Bahnhofs

Kommission mit britischem Verbindungsoffizier (rechts) an zerstörter Brücke über den Elbe-Lübeck-Kanal an der Ostausfahrt Büchens; im Hintergrund wartet die Altonaer 38 2334 mit einem Dienstwagen.

Walter Hollnagel/Sammlung Robin Garn (2)

Bereits am 25. Juni 1946 setzt ein schwerer Dampfkran den Überbau der Brücke über den Kanal ein, auf dem die *ALTSTADT* gerade nordwärts fährt. Im Februar 1927 war dieses Dampfschiff auf der Werft der Union-Giesserei a.G. in Königsberg, Ostpreußen, vom Stapel gelaufen. Sommers diente es in der Passagierfahrt auf dem Frischen Haff und der Pregel, im Winter als Hafenschlepper in Königsberg. Anfang 1945 schaffte es die *ALTSTADT* mit 200 Flüchtlingen nach Lübeck, wo sie 1948 einen festen Decksaufbau mit 120 Plätzen erhalten sollte. Heute fährt sie als *WAPPEN VON SCHLESWIG* bei der Reederei Bischoff auf der Schlei.

Fische verderben unterwegs. Die Sowjetische Militäradministration beschwert sich bei der DR.

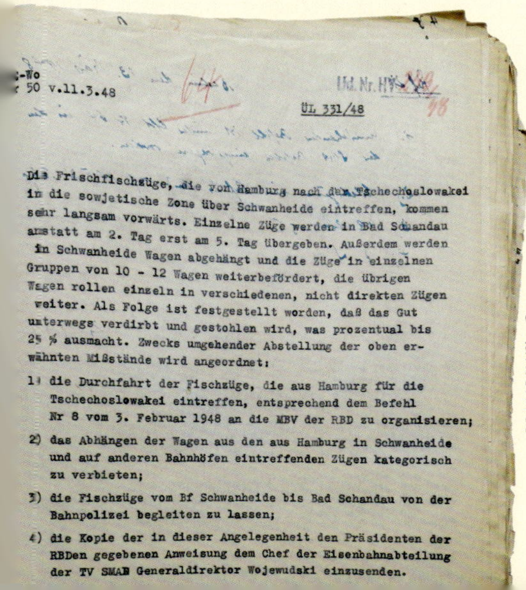

-Wo
50 v.11.3.48

Ül.Nr.HV

ÜL 331/48

Die Frischfischzüge, die von Hamburg nach der Tschechoslowakei in die sowjetische Zone über Schwanheide eintreffen, kommen sehr langsam vorwärts. Einzelne Züge werden in Bad Schandau anstatt am 2. Tag erst am 5. Tag übergeben. Außerdem werden in Schwanheide Wagen abgehängt und die Züge in einzelnen Gruppen von 10 - 12 Wagen weiterbefördert, die übrigen Wagen rollen einzeln in verschiedenen, nicht direkten Zügen weiter. Als Folge ist festgestellt worden, daß das Gut unterwegs verdirbt und gestohlen wird, was prozentual bis 25 % ausmacht. Zwecks umgehender Abstellung der oben erwähnten Mißstände wird angeordnet:

1) die Durchfahrt der Fischzüge, die aus Hamburg für die Tschechoslowakei eintreffen, entsprechend dem Befehl Nr 8 vom 3. Februar 1948 an die MBV der RBD zu organisieren;

2) das Abhängen der Wagen aus den aus Hamburg in Schwanheide und auf anderen Bahnhöfen eintreffenden Zügen kategorisch zu verbieten;

3) die Fischzüge vom Bf Schwanheide bis Bad Schandau von der Bahnpolizei begleiten zu lassen;

4) die Kopie der in dieser Angelegenheit den Präsidenten der RBDen gegebenen Anweisung dem Chef der Eisenbahnabteilung der TV SMAB Generaldirektor Wojewudski einzusenden.

DR HV B&V/Slg. Garn

Büchen mit einer eingleisigen Brücke beide Ufer des Elbe-Seitenkanals verbanden. Eigentlich. Doch interalliierte Verhandlungen und Genehmigungsverfahren der SMAD zogen sich hin, auch eine besondere Telegraphen- und Fernsprechleitung Schwanheide – Büchen musste neu verlegt werden, sodass erst nach 14 Monaten (am 26. August 1947) der Verkehr zwischen der britischen und sowjetischen Besatzungszone anlief – wohlgemerkt: nur für Güterzüge. Vorgesehen waren zunächst fünf Zugpaare.

Als Lokwechselbahnhof diente Büchen, das Bw Hagenow-Land stellte die Traktionsmittel. Von Hamburg und Bremen kamen in erster Linie Erzzüge für die Tschechoslowakei in Frage. Auch Frischfischzüge verkehrten in derselben Relation, die allerdings im März 1948 zu Klagen Anlass gaben und die SMAD auf den Plan rief, da ihre Fracht unterwegs verdarb oder gestohlen wurde (siehe Akte links).

Laut Buchfahrplan Heft 5b der RBD Berlin, gültig ab 3. Oktober 1948, existierten nunmehr 16 Bedarfstrassen für Güterzüge von Hamburg über Wittenberge nach Wustermark Vbf, berechnet für 1.000 t Zuggewicht und einer Höchstgeschwindigkeit von 40 km/h. In Dokumenten aus der RBD Schwerin finden sich Hinweise auf Kohle-, Vieh- und Eilgüterzüge in beide Richtungen (Kohle Borna – Hamburg!) – auch während der von den Sowjets verhängten Blockade Berlins.

„Vor der ersten Fahrt nach Hamburg wurde der VT 137 273 technisch durchgeprüft und auf Hochglanz poliert. Vor allem die Anbringung des Schildes und die Eichenlaubgirlanden bereiteten den Eisenbahnern Kopfzerbrechen. Der Lack durfte nicht beschädigt werden und der Schmuck sollte bei der Ankunft noch am rechten Platz sitzen. Es wurde entschieden, das Gesteck erst in Büchen anzubringen." Aus den Erinnerungen von Herbert Scheiber, damals Betriebsgruppenleiter der Triebwagenabteilung des Anhalter Bahnhofs.

Mit der Aufhebung der Blockade in der Nacht vom 11. auf den 12. Mai 1949 öffnete sich der „Eiserne Vorhang" als erstes für das einzige Schnellzugpaar, das bis dato die Westzonen Deutschlands mit den Westsektoren Berlins verbunden hatte, FD 111/112 Köln – Berlin über Helmstedt/Marienborn. Flankierend hatten die Vertreter der Hauptverwaltung der Deutschen Reichsbahn im Vereinigten Wirtschaftsgebiet (Bizone) und der Deutschen Reichsbahn (SBZ) auf zwei Treffen in Kleinmachnow bei Berlin und Offenbach darüber Einigkeit erzielt, ab dem 10. September 1949 fünf zusätzliche Schnellzugpaare über die innerdeutsche Grenze einzulegen: FD 1/2 Berlin – Frankfurt/M. (über Wartha/Bebra), FD 109/110 als zweites Zugpaar Berlin– Köln (über Marienborn/Helmstedt), FD 149/150 Berlin – München (über Probstzella/Ludwigsstadt) und FD 63/64 Berlin– Hamburg sowie FDt 65/66 als Schnelltriebwagen Berlin – Hamburg (beide über Schwanheide/Büchen). Möglicherweise pikant in diesem Zusammenhang: die Zustimmung von Generalmajor Kwaschnin, Chef der SMAD-Transportverwaltung, erreichte die DR-Generaldirektion erst am 22. September.

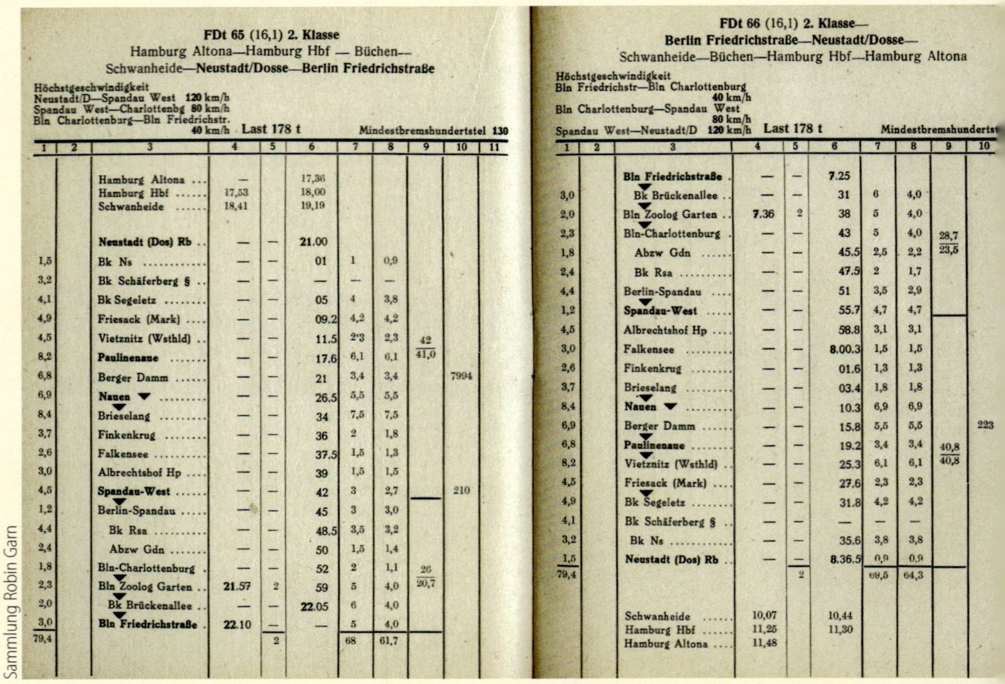

FDt 65 (16,1) 2. Klasse
Hamburg Altona—Hamburg Hbf — Büchen—
Schwanheide—**Neustadt/Dosse—Berlin Friedrichstraße**

Höchstgeschwindigkeit
Neustadt/D—Spandau West **120** km/h
Spandau West—Charlottenbg **80** km/h
Bln Charlottenburg—Bln Friedrichstr. **40** km/h
Last 178 t
Mindestbremshundertstel **130**

1	2	3	4	5	6	7	8	9	10	11
		Hamburg Altona ...	—		17,36					
		Hamburg Hbf	17,53		18,00					
		Schwanheide	18,41		19,19					
		Neustadt (Dos) Rb ..	—	—	**21**.00					
1,5		Bk Ns	—	—	01	1	0,9			
3,2		Bk Schäferberg § ..	—	—	—	—	—			
4,1		Bk Segeletz	—	—	05	4	3,8			
4,9		Friesack (Mark)	—	—	09.2	4,2	4,2			
4,5		Vietznitz (Wsthld) ..	—	—	11.5	2'3	2,3	42		
8,2		**Paulinenaue**	—	—	17.6	6,1	6,1	41,0		
6,8		Berger Damm	—	—	21	3,4	3,4		7994	
6,9		**Nauen** ▼	—	—	26.5	5,5	5,5			
8,4		▼ Brieselang	—	—	34	7,5	7,5			
3,7		Finkenkrug	—	—	36	2	1,8			
2,6		Falkensee	—	—	37.5	1,5	1,3			
3,0		Albrechtshof Hp	—	—	39	1,5	1,5			
4,5		**Spandau-West**	—	—	42	3	2,7		210	
1,2		▼ Berlin-Spandau	—	—	45	3	3,0			
4,4		Bk Rsa	—	—	48.5	3,5	3,2			
2,4		Abzw Gdn	—	—	50	1,5	1,4			
1,8		Bln-Charlottenburg .	—	—	52	2	1,1	26		
2,3		▼ Bln Zoolog Garten ..	**21**.57	2	59	5	4,0	20,7		
2,0		▼ Bk Brückenallee ..	—	—	**22**.05	6	4,0			
3,0		▼ **Bln Friedrichstraße** .	**22**.10	—	—	5	4,0			
79,4				2		68	61,7			

FDt 66 (16,1) 2. Klasse—
Berlin Friedrichstraße—Neustadt/Dosse—
Schwanheide—Büchen—Hamburg Hbf—Hamburg Altona

Höchstgeschwindigkeit
Bln Friedrichstr—Bln Charlottenburg **40** km/h
Bln Charlottenburg—Spandau West **80** km/h
Spandau West—Neustadt/D **120** km/h
Last 178 t
Mindestbremshunderts

1	2	3	4	5	6	7	8	9	10
		Bln Friedrichstraße .	—	—	**7**.25				
3,0		▼ Bk Brückenallee ..	—	—	31	6	4,0		
2,0		▼ Bln Zoolog Garten ..	**7**.36	2	38	5	4,0		
2,3		▼ Bln-Charlottenburg .	—	—	43	5	4,0	28,7	
1,8		Abzw Gdn	—	—	45.5	2,5	2,2	23,5	
2,4		Bk Rsa	—	—	47.5	2	1,7		
4,4		Berlin-Spandau	—	—	51	3,5	2,9		
1,2		▼ **Spandau-West**	—	—	55.7	4,7	4,7		
4,5		Albrechtshof Hp	—	—	58.8	3,1	3,1		
3,0		Falkensee	—	—	**8**.00.3	1,5	1,5		
2,6		Finkenkrug	—	—	01.6	1,3	1,3		
3,7		Brieselang	—	—	03.4	1,8	1,8		
8,4		▼ **Nauen** ▼	—	—	10.3	6,9	6,9		
6,9		Berger Damm	—	—	15.8	5,5	5,5		223
6,8		▼ **Paulinenaue**	—	—	19.2	3,4	3,4	40,8	
8,2		▼ Vietznitz (Wsthld) ..	—	—	25.3	6,1	6,1	40,8	
4,5		Friesack (Mark)	—	—	27.6	2,3	2,3		
4,9		▼ Bk Segeletz	—	—	31.8	4,2	4,2		
4,1		Bk Schäferberg § ..	—	—	—	—	—		
3,2		Bk Ns	—	—	35.6	3,8	3,8		
1,5		**Neustadt (Dos) Rb** ..	—	—	**8**.36.5	0,9	0,9		
79,4				2		69,5	64,3		
		Schwanheide	10,07		10,44				
		Hamburg Hbf	11,25		11,30				
		Hamburg Altona	11,48						

Sammlung Robin Garn

Buchfahrplan für den ersten Zug auf der Strecke Berlin – Hamburg in der Nachkriegszeit. Im Gegensatz zu den Heften der ED Hamburg und RBD Schwerin, verzeichnete das Heft 5a der RBD Berlin, obwohl nur bis Neustadt (Dosse) reichend, die Gesamtfahrzeit samt der Kontrollhalte in Schwanheide.

Wiederauferstehung mit einem Fliegenden Zug

Am 10. September 1949, zur Wiederaufnahme des Reisezugverkehrs Berlin – Hamburg seit dem Krieg, schickte die DR mit dem VT 137 273 a/b/c der Bauart Köln einen ehemaligen *Fliegenden Zug* auf die Fahrt. Es war ihr einziger betriebsfähiger Schnelltriebwagen (SVT), mit dem sie seinerzeit aufwarten konnte. Etwas Passenderes als diesen Zug hätte man nicht wählen können. Er war ein Vehikel der Sehnsucht. Mit ihm ließ sich träumen, wieder genau dort anzuknüpfen, wo man zu Kriegsbeginn zehn Jahre zuvor aufhören musste. In Gedanken ließ sich all das Schreckliche, im deutschen Namen begangene, symbolisch überbrücken und wieder zur Normalität zurückfinden. Die DR-Eisenbahnerzeitung *Fahrt frei* berichtete über die erste Fahrt des „Fliegenden Hamburgers" unter der Zeile „Ein weiterer Schritt auf dem Weg zur Einheit Deutschlands". Die Meldung über die Gründung der Deutschen Bundesbahn drei Tage zuvor (7.9.49), eilte wohl erst nach Redaktionsschluss aus dem Ticker. Die Bundesrepublik Deutschland existierte bereits und die Gründung der Deutschen Demokratischen Republik stand unmittelbar bevor.

So dieselte der Zug als renommierter Vertreter der Reichsbahn ohne Reich über die zur Eingleisigkeit verdammten Urstrecke aller stromlinienförmiger Schnelltriebwagen. Dennoch, ab Spandau West war Tempo 120 möglich. Seine 12-Zylinder-Maybach-Motoren brummten, von der Bevölkerung gefeiert und jeden Zug vor ihm an die Banden bittend, vom Bahnhof Zoo in Berlin (der Lehrter Bahnhof hatte im Fernverkehr ausgedient) über 231,6 Kilometer nonstop bis Schwanheide in 2 Stunden 29 Minuten (Ø 93,3 km/h). Nach 37-minütigem Grenzaufenthalt – der fiel ins Gewicht und erfolgte im dezenten Beisein der Russen – beschleunigte das Leichtgewicht von 178 t schnell und rollte nach abermaligen 39 Minuten in die (noch glaslose) Halle des Hamburger Hauptbahnhofs und weiter bis Altona. Berlin Zoo – Hamburg Hbf in drei Stunden und 45 Minuten? Das konnte sich unter diesen Umständen mehr als sehen lassen.

Walter Hollnagel/Sammlug Robin Garn (2)

Große Freude und Erleichterung bei der Ankunft in Hamburg-Altona (10. September 1949). Schwang beim Anblick eines „Fliegenden Zuges" auch die Hoffnung mit, dass viereinhalb Jahre nach der Kapitulation die Verbindung mit Berlin sich wieder normalisieren würde, im Sinne einer deutschen Einheit.

Das zweite Zugpaar FD 63/64 (Höchstgeschwindigkeit 100 km/h bei 400 t Last) beförderte laut Buchfahrplan die Gattung S 36.17, also eine leichte Pazifik (Achsfolge 2'C1') der Baureihe 03, und zwar mit der geringeren Achslast der ersten Bauserien. Zu diesem Behufe erhielt das Bw Wittenberge erstmalig diese auf unserer Strecke von 1932 bis 1945 gängige Schnellzugloks; und zwar buchstäblich die ersten Exemplare 03 001 und 002 am 3. und 7. September 1949 zugeteilt. Drei weitere folgten in Kürze. Was die Reisezeit ihrer Züge anbelangt, fünf Stunden 24 (FD 63) bzw. fünf Stunden 54 Minuten (FD 64), so fallen sie in unserer Zeitschiene um rund 75 Jahre zurück.

Auf der Schiene zur globalen Ost-West-Entfremdung

Eine Naht der sich auftuenden bipolaren Weltordnung, zwischen Kommunismus und Kapitalismus, Diktatur und Demokratie, Wladiwostok und San Francisco, sie lag genau hier, bei Kilometer 236,470 auf der Strecke Berlin – Hamburg. Wer somit in den kommenden 40 Jahren von der einen zur anderen Stadt mit der Bahn fuhr, der bestieg nicht nur einen Zug, sondern auch einen (alsbald als klassisch und unabänderlich empfundenen) Schauplatz weltanschaulicher Auseinandersetzungen. Worum es dabei gegangen ist? Um das Teilen und Annähern, um Leichtigkeit und Verbissenheit, Anerkennung und Zersetzung, um kalten Hass und warmes Wir-Gefühl. Darum, wer die richtigen Lehren aus den Jahren des Hitlerfaschismus zog. Letztlich um unterschiedliche Auslegungen von Demokratie, Freiheit und Gerechtigkeit.

Im Systemwettstreit gab es immer diesen Spiegel und die andere Seite. Eine Alternative vor Augen. Politische Großwetterlagen als auch die Politik der kleinen Schritte – vom Korea-Krieg bis zum Milliardenkredit, den Franz Josef Strauß maßgeblich einfädelte – all das schwang seismologisch bis in die Abteile der Berlin-Hamburger Züge. Die deutsch-deutsche Geschichte und ihre Übertragung auf die Berührungsachsen der Transitwege ist voll davon und könnte Buchregale füllen. Wir müssen uns hier arg konzentrieren auf den Betrieb und die Traktion der Direktverbindungen.

Die 1950er Jahre: Immer ein Triebwagen dabei, D-Zug-Verkehrshalte unterwegs

Die Bezeichnung „Interzonenzug“ blieb lange bestehen, selbst für durchgehende Züge nach Westberlin. Obgleich faktisch zwei Staaten existierten, gingen beide Seiten propagandistisch weiterhin von einem einheitlichen Deutschland aus. So wirkte der sich im Volksmund haltende Terminus „sanfter“, weil eine Grenze zwischen Zonen oder Sektoren (Berlin) als weniger endgültig empfunden wurde als die eines Staates oder gar einer Nation. In Verkehrsbeziehungen zur DDR galt weiterhin die Kontrollratsdirektive, Reisen und Fahrkartenerwerb nur mit einem ausgestellten Interzonenpass zu koppeln. Der Verkehr nach Berlin sorgte nach dem beiderseitigen Wegfall des Interzonenpasses im Spätherbst 1953 für gut gefüllte Züge. Deswegen kamen DR und DB überein, auf der Hamburger Schiene 1954 ein drittes ständiges Zugpaar (D 1065/1066) und zusätzliche Entlastungszüge an Feiertagen einzulegen. Schon auf ihrer Konferenz für Reisezug-Fahrpläne im Juli 1953 führte der Vertreter der Rbd Schwerin Klage darüber, dass „die Grenzkontrollorgane sich dem verstärkten Verkehr nicht anpassen.“ In dieser Praxis hätte sich nichts geändert, „trotz eingehender persönlicher Besprechungen des Präsidenten der Rbd Schwerin.“

Das ganze Jahrzehnt über verkehrte ein Fernschnelltriebwagen als Zug 65/66 (165/166 ab Sommer 1958) zwischen Berlin und Hamburg nur mit einem – dafür ausgiebigem – Kontrollhalt in Schwanheide. Sein Platzangebot war begrenzt und reservierungspflichtig. Ermäßigte Fahrausweise galten nicht für ihn. Als Fahrzeuge kamen zunächst die VT 137 273, 278 (Bauart Köln) und 154 (Leipzig) zum Einsatz, alle in Berlin-Karlshost beheimatet. Ersatzweise sprangen VT 137 der Bauart Ruhr ein, zweiteilig und nur über 114 Plätze verfügend. Der einfache Fahrpreis betrug in der 2. Wagenklasse im Sommerfahrplan 1953 inkl. FD-Zuschlag und Platzreservierung 26 DM – mit heutiger Kaufkraft verglichen, entsprächen es 97 €. Im Juli 1953 beantragte die Rbd Schwerin die Umwandlung des FDt 65/66 in einen Dampfzug, da das Platzangebot nicht mehr ausreichte. Es gab eine andere Lösung. 1954 importierte die DDR drei als VT 14.12 bezeichnete Triebzüge der Firma Ganz aus Ungarn. Vierteilig und mit 164 Plätzen ausgestattet (plus 32 im Speisebereich), setzte sie die DR ab Sommerfahrplan 1955 auf der Hamburg-Verbindung ein. Da sich ihre Laufeigenschaften im hohen Geschwindigkeitsbereich alles andere als zufriedenstellend erwiesen haben, passte man den FDt-Fahrplan auf maximal 110 km/h an. Zu diesem Zeitpunkt führten die Fahrplaner nach Absprache mit dem Ministerium des Innern (Zoll) und dem Ministerium für Staatssicherheit (Personenkontrollen) einen Betriebshalt zum Ein-/Aussteigen der Kontrolleure in Ludwigslust ein. Bei gut besetzten Triebwagen konnten die Organe während der etwa 40-minütigen Fahrt bis/von Schwanheide ihres Amtes walten, ohne die Dauer des beim SVT ziemlich moderaten Aufenthaltes im eigentlichen Grenzbahnhof zu gefährden.

Die Traktion der klassischen Garnituren des D 63/64 und 1065/1066 oblag zunächst den Wittenberger 03'en bis September 1952, die von 01'en im Zugang ab Dezember 1951 sukzessive für den Rest des Jahrzehnts und darüber hinaus abgelöst wurden. Im Unterschied zum Triebwagenlauf absolvierten sie unterwegs offizielle Verkehrshalte; und zwar in Wittenberge und Ludwigslust. Dementsprechend zog sich der Kontrollhalt im Grenzbahnhof Schwanheide hin (40-100 Minuten). Überprüfungen und Visitationen fanden anfangs nur an der Grenze zu Westdeutschland statt. Erst mit der kurzfristig angeordneten Einführung der Kontrollhalte bei allen Reisezügen im Raum Berlin (am 6.2.52), hatte die DR in Falkensee einen Grenzaufenthalt einzurichten, der auch in den Folgekursbüchern keine Notiz fand. Mit

Sammlung Robin Garn

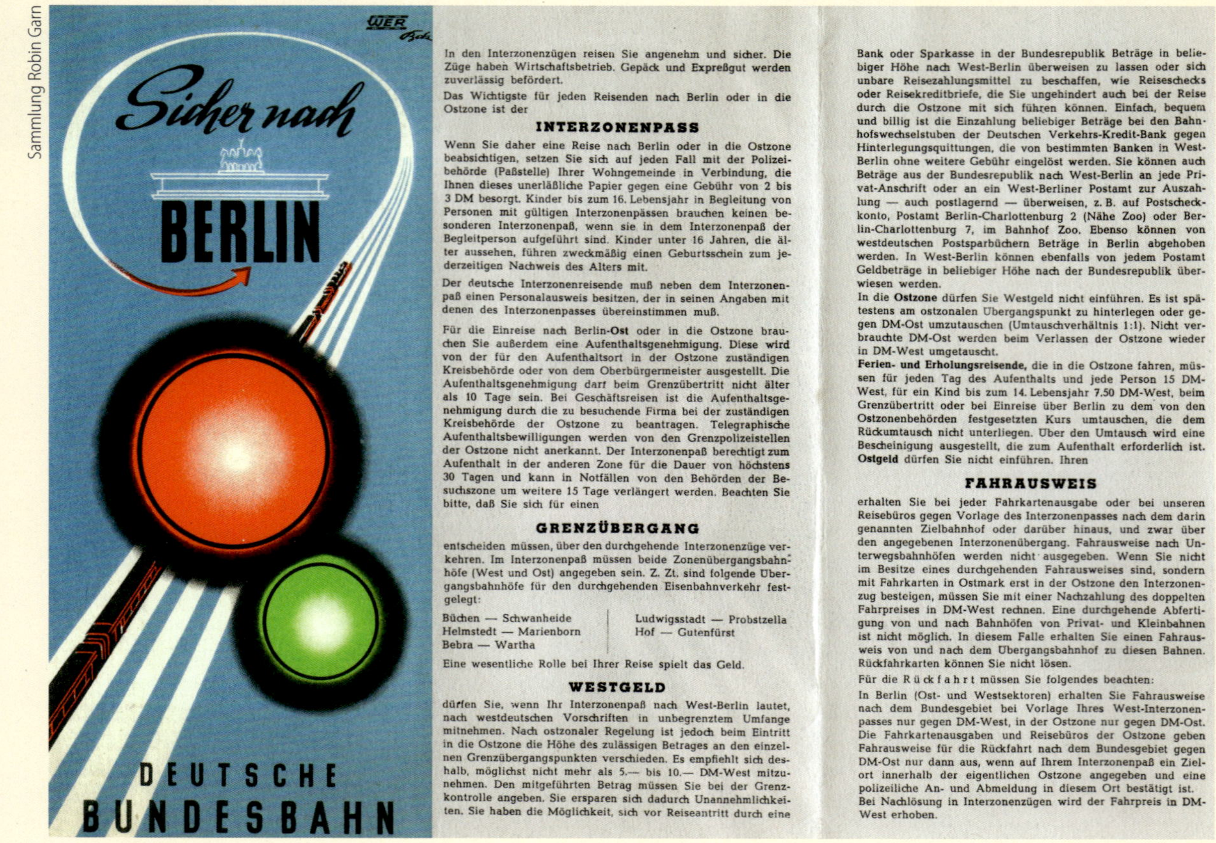
WER

Sicher nach

BERLIN

DEUTSCHE BUNDESBAHN

In den Interzonenzügen reisen Sie angenehm und sicher. Die Züge haben Wirtschaftsbetrieb. Gepäck und Expreßgut werden zuverlässig befördert.

Das Wichtigste für jeden Reisenden nach Berlin oder in die Ostzone ist der

INTERZONENPASS

Wenn Sie daher eine Reise nach Berlin oder in die Ostzone beabsichtigen, setzen Sie sich auf jeden Fall mit der Polizeibehörde (Paßstelle) Ihrer Wohngemeinde in Verbindung, die Ihnen dieses unerläßliche Papier gegen eine Gebühr von 2 bis 3 DM besorgt. Kinder bis zum 16. Lebensjahr in Begleitung von Personen mit gültigen Interzonenpässen brauchen keinen besonderen Interzonenpaß, wenn sie in dem Interzonenpaß der Begleitperson aufgeführt sind. Kinder unter 16 Jahren, die älter aussehen, führen zweckmäßig einen Geburtsschein zum jederzeitigen Nachweis des Alters mit.

Der deutsche Interzonenreisende muß neben dem Interzonenpaß einen Personalausweis besitzen, der in seinen Angaben mit denen des Interzonenpasses übereinstimmen muß.

Für die Einreise nach Berlin-**Ost** oder in die Ostzone brauchen Sie außerdem eine Aufenthaltsgenehmigung. Diese wird von der für den Aufenthaltsort in der Ostzone zuständigen Kreisbehörde oder von dem Oberbürgermeister ausgestellt. Die Aufenthaltsgenehmigung darf beim Grenzübertritt nicht älter als 10 Tage sein. Bei Geschäftsreisen ist die Aufenthaltsgenehmigung durch die zu besuchende Firma bei der zuständigen Kreisbehörde der Ostzone zu beantragen. Telegraphische Aufenthaltsbewilligungen werden von den Grenzpolizeistellen der Ostzone nicht anerkannt. Der Interzonenpaß berechtigt zum Aufenthalt in der anderen Zone für die Dauer von höchstens 30 Tagen und kann in Notfällen von den Behörden der Besuchszone um weitere 15 Tage verlängert werden. Beachten Sie bitte, daß Sie sich für einen

GRENZÜBERGANG

entscheiden müssen, über den durchgehende Interzonenzüge verkehren. Im Interzonenpaß müssen beide Zonenübergangsbahnhöfe (West und Ost) angegeben sein. Z. Zt. sind folgende Übergangsbahnhöfe für den durchgehenden Eisenbahnverkehr festgelegt:

Büchen — Schwanheide
Helmstedt — Marienborn
Bebra — Wartha
Ludwigsstadt — Probstzella
Hof — Gutenfürst

Eine wesentliche Rolle bei Ihrer Reise spielt das Geld.

WESTGELD

dürfen Sie, wenn Ihr Interzonenpaß nach West-Berlin lautet, nach westdeutschen Vorschriften in unbegrenztem Umfange mitnehmen. Nach ostzonaler Regelung ist jedoch beim Eintritt in die Ostzone die Höhe des zulässigen Betrages an den einzelnen Grenzübergangspunkten verschieden. Es empfiehlt sich deshalb, möglichst nicht mehr als 5.— bis 10.— DM-West mitzunehmen. Den mitgeführten Betrag müssen Sie bei der Grenzkontrolle angeben. Sie ersparen sich dadurch Unannehmlichkeiten. Sie haben die Möglichkeit, sich vor Reiseantritt durch eine Bank oder Sparkasse in der Bundesrepublik Beträge in beliebiger Höhe nach West-Berlin überweisen zu lassen oder sich unbare Reisezahlungsmittel zu beschaffen, wie Reiseschecks oder Reisekreditbriefe, die Sie ungehindert auch bei der Reise durch die Ostzone mit sich führen können. Einfach, bequem und billig ist die Einzahlung beliebiger Beträge bei den Bahnhofswechselstuben der Deutschen Verkehrs-Kredit-Bank gegen Hinterlegungsquittungen, die von bestimmten Banken in West-Berlin ohne weitere Gebühr eingelöst werden. Sie können auch Beträge aus der Bundesrepublik nach West-Berlin an jede Privat-Anschrift oder an ein West-Berliner Postamt zur Auszahlung — auch postlagernd — überweisen, z. B. auf Postscheckkonto, Postamt Berlin-Charlottenburg 2 (Nähe Zoo) oder Berlin-Charlottenburg 7, im Bahnhof Zoo. Ebenso können von westdeutschen Postsparbüchern Beträge in Berlin abgehoben werden. In West-Berlin können ebenfalls von jedem Postamt Geldbeträge in beliebiger Höhe nach der Bundesrepublik überwiesen werden.

In die **Ostzone** dürfen Sie Westgeld nicht einführen. Es ist spätestens am ostzonalen Übergangspunkt zu hinterlegen oder gegen DM-Ost umzutauschen (Umtauschverhältnis 1:1). Nicht verbrauchte DM-Ost werden beim Verlassen der Ostzone wieder in DM-West umgetauscht.

Ferien- und Erholungsreisende, die in die Ostzone fahren, müssen für jeden Tag des Aufenthalts und jede Person 15 DM-West, für ein Kind bis zum 14. Lebensjahr 7.50 DM-West, beim Grenzübertritt oder bei Einreise über Berlin zu dem von den Ostzonenbehörden festgesetzten Kurs umtauschen, die dem Rückumtausch nicht unterliegen. Über den Umtausch wird eine Bescheinigung ausgestellt, die zum Aufenthalt erforderlich ist. **Ostgeld** dürfen Sie nicht einführen. Ihren

FAHRAUSWEIS

erhalten Sie bei jeder Fahrkartenausgabe oder bei unseren Reisebüros gegen Vorlage des Interzonenpasses nach dem darin genannten Zielbahnhof oder darüber hinaus, und zwar über den angegebenen Interzonenübergang. Fahrausweise nach Unterwegsbahnhöfen werden nicht ausgegeben. Wenn Sie nicht im Besitze eines durchgehenden Fahrausweises sind, sondern mit Fahrkarten in Ostmark erst in der Ostzone den Interzonenzug besteigen, müssen Sie mit einer Nachzahlung des doppelten Fahrpreises in DM-West rechnen. Eine durchgehende Abfertigung von und nach Bahnhöfen von Privat- und Kleinbahnen ist nicht möglich. In diesem Falle erhalten Sie einen Fahrausweis von und nach dem Übergangsbahnhof zu diesen Bahnen. Rückfahrkarten können Sie nicht lösen.

Für die Rückfahrt müssen Sie folgendes beachten:

In Berlin (Ost- und Westsektoren) erhalten Sie Fahrausweise nach dem Bundesgebiet bei Vorlage Ihres West-Interzonenpasses nur gegen DM-West, in der Ostzone nur gegen DM-Ost. Die Fahrkartenausgaben und Reisebüros der Ostzone geben Fahrausweise für die Rückfahrt nach dem Bundesgebiet gegen DM-Ost nur dann aus, wenn auf Ihrem Interzonenpaß ein Zielort innerhalb der eigentlichen Ostzone angegeben und eine polizeiliche An- und Abmeldung in diesem Ort bestätigt ist. Bei Nachlösung in Interzonenzügen wird der Fahrpreis in DM-West erhoben.

Rechte Seite: **Die Lombardsbrücke überspannt die Landzungen von Außen- und Binnenalster für Straßenverkehr, Fußgänger und Züge: Reichsbahnlok 01 165 (Bw Wittenberge) passiert dieses Hamburg-Panorama am 2. Juli 1952 mit dem D 63 nach Berlin Stadtbahn. Zwei Jahre zuvor fuhr diese Lok noch mit russischem Personal in der Kolonne 42 zwischen Brest – Warschau und Berlin.**

Faltblatt von 1952: Bundesbahn und Berlin-Touristik gaben sich Mühe, das Bahnreisen nach Berlin publik zu machen, war es doch mit gewissen Komplikationen verbunden. Wer konnte, flog. Viele zogen auch den Fernbus vor.

Walter Hollnagel/Sammlug Robin Garn

Walter Hollnagel/Sammlung Robin Garn (2)

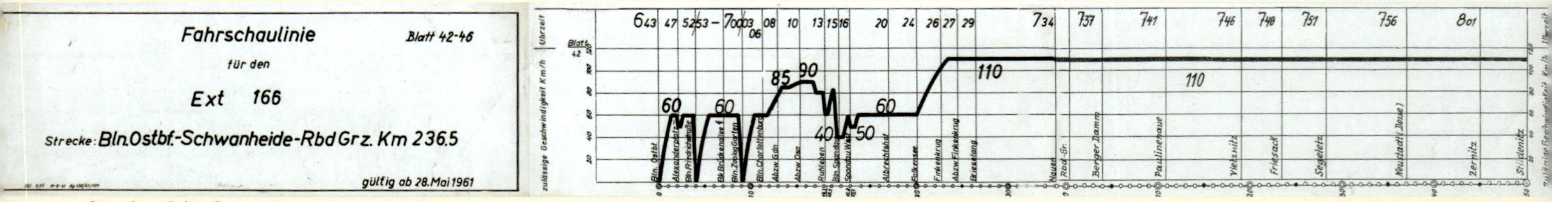

Sammlung Robin Garn

der Abschottungspolitik im Zusammenhang stehend, folgte am 18. Mai 1952 die Schließung sämtlicher Fernbahnhöfe in den Westsektoren Berlins für den zivilen Reiseverkehr mit Ausnahme des Bahnhofs Zoologischer Garten. Erst im Winterfahrplan 1957/58, als man Reisenden erlaubte ein- und auszusteigen, erhob die DR Falkensee zum D-Zughalt – für weniger als ein Jahr. Da Falkensee immer dichter an den Vorortverkehr unter Umfahrung West-Berlins („Sputnik") eingebunden wurde, reduzierte man bereits zum 1. September 1958 die Angelegenheit wieder zu einem Kontrollhalt und verlegte ihn nach Albrechtshof, einen S-Bahnhalt näher an der Grenze zu Berlin.

Die 1960er Jahre: Zäsur Mauerbau und die gesteigerte Langsamkeit

Im Laufe des Sommerfahrplanes 1961 passierte Zweierlei. Zum einen verschwanden die DR-Schnelltriebwagen. Seit 1959 war es immer wieder zu Engpässen auf der Hamburger Schiene gekommen, da die Garnituren des VT 12.14 als Ext 21/22 *Berolina* auf die renommierte Route Berlin Ostbahnhof – Warschau – Brest (780 km) wechselten. Ersatz leisteten die deutschen SVT der Vorkriegszeit, zumal deren Bestand nach einem Kauf ausrangierter Züge der Bundesbahn 1958 merklich aufgestockt werden konnte. Eisenbahnfreund Ungerbieler verfolgte in Hamburg die wechselnden Bespannungen des Ext 165/166 mit besonderem Interesse und notierte sie.

Mindestens ebenso oft wie ein *Fliegender Zug* auftauchte (oder wegen des Fahrgastandrangs auch zwei aneinander gekuppelte), erschien ein herkömmlicher Ersatzzug aus Berlin: eine Ostbahnhofer 03 mit fünf bis sechs Wagen: „Unsere Lokleiter haben nur bestimmte Leute dafür ausgewählt, eher die Jungen und Nervenstarken", erinnerte sich Horst Maschen – einer, der als Lokführer dazu gehörte. Was war so knifflig daran? „Weder das Zuggewicht, selbst mit Speisewagen keine 300 Tonnen. Noch die Fahrzeit des Schnelltriebwagens mit 110 km/h Höchstgeschwindigkeit. Das Problem bestand darin: wir hatten in Rummelsburg, wo es mit dem Leerpark losging, oder in Altona, rund fünf Stunden Fahrzeit und 306 Kilometer vor uns – ohne Wasser zu nehmen!" Ein Wasserhalt in Wittenberge war nicht vorgesehen und hätte 8-10 Minuten Verspätung verursacht. „Du musstest einen guten Heizer haben und es verstanden haben, wie man segelt." So haben sie die sparsame Fahrweise genannt, unter Ausnutzung aller Möglichkeiten, die sich dem Lokpersonal auf Flachlandstrecken wie Berlin – Hamburg allerdings weniger bieten als im Hügelland. Horst Maschen bewies umso größere Nervenstärke, als das er damals bereits hin und wieder seinen Fotoapparat mitnahm.

Vorhaben wie das des Mauerbaus nahmen keine Rücksicht auf Fahrplanperioden der Reichs- und Bundesbahn. Der 13. August 1961 war kein Sonntag wie jeder andere des Sommerfahrplans 1961. Für wenige Ausgesuchte nahm das Drama bereits vor Mitternacht seinen Anfang. Der Vorsteher

Der Bahnhof Schwarzenbek, auch ein spätklassizistischer Bau aus der Gründungszeit der BHE, dokumentiert im Licht des frühen Nachmittags am 5. Februar 1952. Er wurde Ende der 1960er Jahre wegen Baufälligkeit abgerissen und durch einen profanen Flachbau ersetzt, dessen Einweihung ohne Brimborium vonstatten ging. Dafür hatte die Bundesbahn kein Geld in der Kasse.

Linke Seite: **Hamburg-Bergedorf, vor der Eröffnung des elektrischen S-Bahnbetriebes werden Probefahrten unternommen. ET 171 067 steht im neuen Abstellgleis. Er macht Platz für den aus Berlin kommenden Ext 166, einem VT 12.14 der ungarischen Bauart Ganz, beheimatet im Berliner TBw Karlshorst. Der stolze Bau links im Bild ist nicht wie vermuten lässt eine Brauerei, sondern Sitz des Astra-Eisenwerks, im Maschinenbau spezialisiert für Molkerei- und Kältetechnik.**

Sammlung Robin Garn

Der Bahnhof Karstädt 1956 auf einer Ansichtskarte, aus einer nahezu ansichtskartenlosen Gegend. Am Zaun der Bahnsteigsperre wird noch für Zigaretten der Marke „Juno – dick und rund" Reklame gemacht. Es schrieb Frau Hilde Wittwer, zur Zeit in Karstädt bei Familie Kühn, am 21. August 1958, an die Verwaltung des VEB OTVW-Löbau Werk III, in Görlitz, Reichenbacher Str. 19: „Liebe Kolleginnen und Kollegen! Recht herzliche Urlaubsgrüße aus Karstädt sendet euch eure Kollegin Hilde nebst Familie. Beinahe hätte ich euch einen Brief schicken müssen, weil wir nirgends Ansichtskarten bekamen. Außer dem schönen (Frei-) Bad könnte mich hier oben in der Gegend nichts reizen. Ich brauche Berge, sonst bin ich krank. Den nächsten Urlaub verleben wir garantiert nicht hier oben. Alles andere mündlich. Eure Hilde"

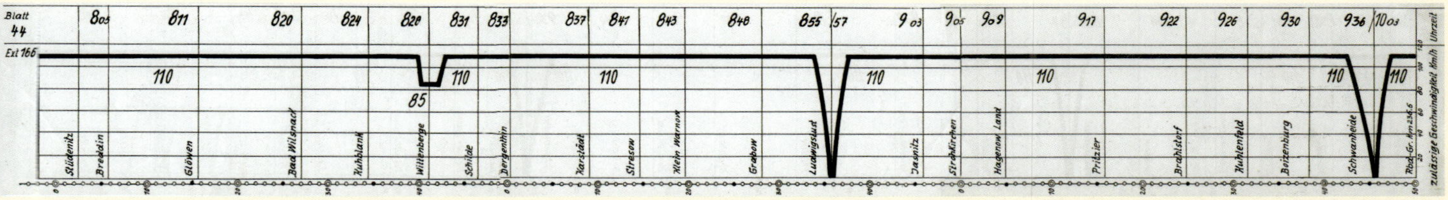

Horst Maschen/Sammlung Robin Garn

Fahrschaulinie für den Ext 166 (Berlin Stadtbahn – Hamburg-Altona) des Sommerfahrplanes 1961. Aufgrund der suboptimalen Laufeigenschaften des ungarischen Ganz-Triebwagens (VT 12.14) wurde seine Höchstgeschwindigkeit auf 110 km/h begrenzt. Nächster Halt seit Abfahrt im West-Berliner Bahnhof Zoo war Ludwigslust. Hier stiegen bei hoher Reisendenzahl die Kontrollorgane zu, damit man den Grenzaufenthalt in Schwanheide nicht überzog.

Dampf-Ersatzzug für den Ext 165. Das kam Mitte 1961 recht häufig vor. Lokführer Maschen vom Bw Ostbahnhof machte einen Schnappschuss von seiner 03 060 bei der Einfahrt in den Hamburger Hbf (18.37 Uhr an), rechts eine örtliche 78. Man beachte das Pyrometer, Marke Eigenbau der Lokbrigade. Bln Zoo an 22.33 Uhr. Kein Wasserhalt unterwegs.

und die diensthabenden Fahrdienstleiter des Bahnhofs Falkensee gehörten zu denen, die unangemeldeten Besuch bekamen. Ranghohe Reichsbahner und Herren der Staatssicherheit traten auf, baten um Stillschweigen und überreichten einen Umschlag; darin ein vom Verkehrsminister und Reichsbahn-Generaldirektor Kramer unterzeichnetes Schreiben mit folgendem (und wie nebenstehend abgebildetem) Inhalt.

Obwohl streckenweise über den Haufen geworfen, galt das Sommerkursbuch „bis auf weiteres über den 1. Oktober 1961 hinaus". Am 21. Oktober ließ die Hauptverwaltung des Betriebs- und Verkehrsdienstes der DR das 1. Berichtigungsblatt verteilen. Das 32-seitige Fahrplanwerk fasste unter Punkt 4 zusammen, dass „die bisherigen Aufstellungen und Fahrpläne der internationalen Verbindungen sowie die Züge im Verkehr zwischen den beiden deutschen Staaten ungültig" seien. Für die Züge Hamburg – Berlin wurde lapidar vermerkt: „Halt in Wittenberge entfällt, Ankunftszeit in Berlin Ostbahnhof streichen."

Der Mauerbau vertiefte die Trennung des Angebots zwischen den Zügen nach Berlin und den Zügen in die DDR. Ein umgangssprachlicher Interzonenzug überwand an einem Punkt die Grenze. Er begann oder endete in Bahnhöfen in der DDR. Anders die Transitzüge. Sie, ewiges Synonym für das Durchqueren eines Drittstaates, eines Rau-

Alle diensthabende Fahrdienstleiter der DR an den Übergangsbahnhöfen zu West-Berlin oder West-Deutschland bekamen am späten Abend des 12. August 1961 unangemeldeten Besuch von zwei Herren: eines uniformierten Vorgesetzten und eines Mitarbeiters der Staatssicherheit in Zivil. In deren Beisein hatte der Signal- und Weichensteller um Mitternacht einen Brief zu öffnen; darin ein von Verkehrsminister Kramer unterzeichnetes Schreiben in der Art wie das hier abgebildete für Falkensee (und Albrechtshof).

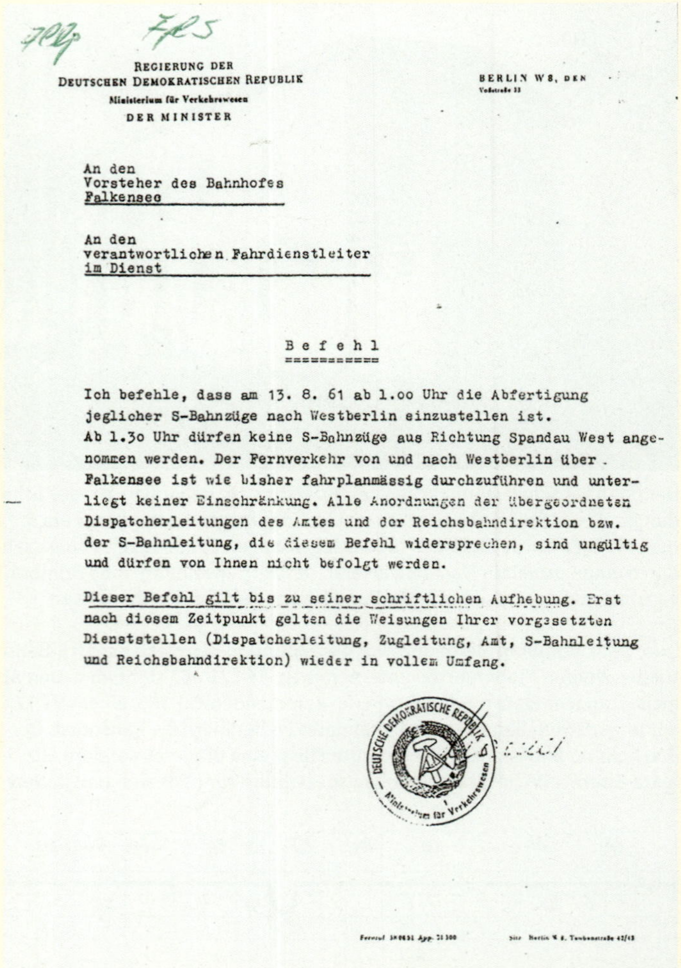
REGIERUNG DER
DEUTSCHEN DEMOKRATISCHEN REPUBLIK
Ministerium für Verkehrswesen
DER MINISTER

BERLIN W 8, DEN
Voßstraße 33

An den
Vorsteher des Bahnhofes
Falkensee

An den
verantwortlichen Fahrdienstleiter
im Dienst

Befehl

Ich befehle, dass am 13. 8. 61 ab 1.00 Uhr die Abfertigung jeglicher S-Bahnzüge nach Westberlin einzustellen ist.
Ab 1.30 Uhr dürfen keine S-Bahnzüge aus Richtung Spandau West angenommen werden. Der Fernverkehr von und nach Westberlin über Falkensee ist wie bisher fahrplanmässig durchzuführen und unterliegt keiner Einschränkung. Alle Anordnungen der übergeordneten Dispatcherleitungen des Amtes und der Reichsbahndirektion bzw. der S-Bahnleitung, die diesem Befehl widersprechen, sind ungültig und dürfen von Ihnen nicht befolgt werden.

Dieser Befehl gilt bis zu seiner schriftlichen Aufhebung. Erst nach diesem Zeitpunkt gelten die Weisungen Ihrer vorgesetzten Dienststellen (Dispatcherleitung, Zugleitung, Amt, S-Bahnleitung und Reichsbahndirektion) wieder in vollem Umfang.

DEUTSCHE DEMOKRATISCHE REPUBLIK
Ministerium für Verkehrswesen

Sammlung Peter Bley

Blick aus dem geöffneten Abteilfenster eines D-Zuges aus Hamburg (1959). Ob man in Berlin angekommen ist, merkt man in dem Moment, wenn man wieder in den Bahnhof Zoo einfährt, die Gedächtniskirche sieht, und entweder denkt: „Endlich da" oder „Endlich zu Hause".

Walter Hollnagel/Sammlung Robin Garn

Keystone

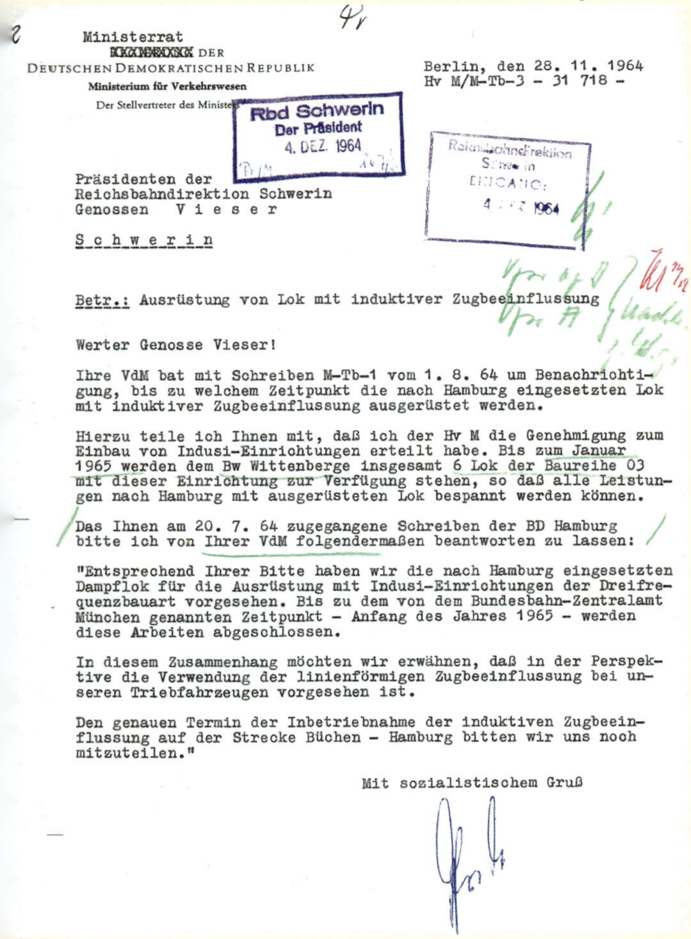

Ministerrat
XXXXXXXX DER
DEUTSCHEN DEMOKRATISCHEN REPUBLIK
Ministerium für Verkehrswesen
Der Stellvertreter des Ministers

Berlin, den 28. 11. 1964
Hv M/M-Tb-3 – 31 718 –

Rbd Schwerin
Der Präsident
4. DEZ. 1964

Präsidenten der
Reichsbahndirektion Schwerin
Genossen V i e s e r

S c h w e r i n

Betr.: Ausrüstung von Lok mit induktiver Zugbeeinflussung

Werter Genosse Vieser!

Ihre VdM bat mit Schreiben M-Tb-1 vom 1. 8. 64 um Benachrichtigung, bis zu welchem Zeitpunkt die nach Hamburg eingesetzten Lok mit induktiver Zugbeeinflussung ausgerüstet werden.

Hierzu teile ich Ihnen mit, daß ich der Hv M die Genehmigung zum Einbau von Indusi-Einrichtungen erteilt habe. Bis zum Januar 1965 werden dem Bw Wittenberge insgesamt 6 Lok der Baureihe 03 mit dieser Einrichtung zur Verfügung stehen, so daß alle Leistungen nach Hamburg mit ausgerüsteten Lok bespannt werden können.

Das Ihnen am 20. 7. 64 zugegangene Schreiben der BD Hamburg bitte ich von Ihrer VdM folgendermaßen beantworten zu lassen:

"Entsprechend Ihrer Bitte haben wir die nach Hamburg eingesetzten Dampflok für die Ausrüstung mit Indusi-Einrichtungen der Dreifrequenzbauart vorgesehen. Bis zu dem von dem Bundesbahn-Zentralamt München genannten Zeitpunkt – Anfang des Jahres 1965 – werden diese Arbeiten abgeschlossen.

In diesem Zusammenhang möchten wir erwähnen, daß in der Perspektive die Verwendung der linienförmigen Zugbeeinflussung bei unseren Triebfahrzeugen vorgesehen ist.

Den genauen Termin der Inbetriebnahme der induktiven Zugbeeinflussung auf der Strecke Büchen – Hamburg bitten wir uns noch mitzuteilen."

Mit sozialistischem Gruß

Rbd Schwerin/Sammlung Ronald Xanke

Presseaufnahme am Bahnhof Zoo: „Der Osterreiseverkehr zwischen der Bundesrepublik und Westberlin ist, offenbar durch das schöne Wetter begünstigt, noch stärker geworden, als das Verkehrsamt ursprünglich erwartet hatte. Überfüllte Züge (26 zusätzliche Paare), ausverkaufte Sonderflüge (28) und zusätzlich eingesetzte Autobusse sollen den Strom der Reisenden in beiden Richtungen befördern. Hier steigen die Reisenden des D 163 aus Hamburg aus – am frühen Nachmittag des 19. April 1962 (Gründonnerstag) nach einer fünf Stunden und 20 Minuten langen Fahrt seit Hamburg Hbf.

Die DR hing das Indusi-Anliegen der DB hoch auf, Schreiben des Vize-Verkehrsministers der DDR und stellvertretenden Generaldirektors der DR, Otto Arndt, vom 28. November 1964 an den Präsidenten der Rbd Schwerin. Darin sind die Passagen zitiert, die wortwörtlich an die BD Hamburg weiterzuleiten seien.

mes oder der Zeit zwischen zwei Zuständen, fuhren vom Westen eines Staates zum Westen seiner (Haupt-)Stadt ohne planmäßigen Verkehrshalt durch den Osten des Staates. Der Transitzug hatte die tödlich gewordene Grenze zwischen den beiden deutschen Staaten mit allen Fahrgästen zweimal zu durchrollen. Eigentlich sogar dreimal, wenn man den Bahnhof Friedrichstraße hinzuzählt, aber wer stieg dort schon aus bzw. ein … Die Wartezeit an den beiden DDR-Grenzbahnhöfen Schwanheide und Albrechtshof konnte sich von 35 planmäßig auf bis zu 80 Minuten hinziehen. Kontrolliert wurde im D 163-166 wie auf einer DDR-Ein- und Ausreise, wobei selbst das Gepäck der Transit-Reisenden nicht unangetastet blieb.

Am Abend des 5. Dezember 1961 durchbrachen Lokführer Harry Deterling und Heizer Hartmut Lichy mit Lok 78 079 und dem Abendpersonenzug die am 13. August 1961 errichteten Sperranlagen in Albrechtshof. 25 von 32 Fahrgästen zogen es vor, im Westen zu bleiben. Noch in derselben Nacht sägten Grenzer in diesem Bereich die Schienen auseinander. Schon den nachfolgenden Zug aus Hamburg führte die DR über den Berliner Außenring zum Grenzbahnhof Griebnitzsee, wo sich sämtliche weitere Transitverbindungen im Reiseverkehr mit der Bundesrepublik bündelten. Die DR hätte das vier Tage später ohnehin mit allen Hamburger Reisezügen vorgehabt, was Deterling und seinem Heizer noch zu Ohren gekommen war, sodass sie neben ihren Familien noch Freunde im Fluchtzug mitnahmen.

Für die Hamburg-Relation bedeutete der Schlenker über Potsdam einen Umweg von 23 Kilometern. Er machte einen Betriebshalt entweder zum Wassernehmen oder Wechseln der Lokomotive zwingend erforderlich. Der Mauerbau rührte auch die Beheimatungen einiger Schnellzuglokomotiven auf. Ostbahnhof erhielt schwere 01 und gab dafür leichtere 03 ab, so auch im Austausch mit dem Bw Wittenberge, der sich von Dezember 1961 bis Mai 1962 hinzog.

DB verlangt DR-Loks mit Indusi

Unterdessen dräute mit einem Schreiben der Bundesbahndirektion Hamburg an die Reichsbahndirektion Schwerin ein neues Hindernis technischer Art: Darin kündigte die Bundesbahn am 30. September 1963 an, ihre Strecke Büchen – Hamburg für die punktförmiger Zugbeeinflussung (Indusi) herzurichten. Das geringe Fernverkehrsaufkommen infolge der deutschen Teilung (in

Das Warten auf kopfsteinbepflasterten Straßen vor Bahnschranken war allerorten ein notwendiges Übel oder willkommenes Innehalten und Staunen. In Ludwigslust fanden sich Bürger mit ihren illustren Gespannen und Fahrzeugen ein, um der Anfahrt eines 03-geführten Schnellzuges in Richtung Wittenberge beizuwohnen (um 1967).

Rbd Schwerin/Sammlung Robin Garn

Sammlung Wolfgang Schulze (2)

Hinter Agitation und Propaganda (kurz: AgitProp), beaufsichtigt von den Politischen Abteilungen der Reichsbahndirektion und durchdelegiert bis in jede einzelne Dienststelle, stand ein eigener Mikrokosmos. Bei aller Härte und Entschlossenheit entbehrte er mitunter nicht einer unfreiwilligen Komik. Zwei Schnappschüsse auf den Bahnsteigen von Nauen 1966.

der Regel drei Transitzug- und ein bis zwei Interzonenzugpaare) hatte sich in den stark gewachsenen Vorortverkehr einzufädeln. Hamburgs S-Bahnnetz für den Gleichstrombetrieb mit Stromschiene (1.200 V) wuchs auf der Berliner Strecke bis Bergedorf (1.6.58). Ab Berliner Tor nutzte man erstmalig in Westdeutschland die Gleise mit geringeren Signalabständen im Mischbetrieb mit Fernzügen. Planungen, die S-Bahn weiter bis nach Aumühle zu verlängern, liefen an (1.6.69 realisiert). Die DB erwartete von der DR, ihre im Hamburg-Verkehr eingesetzten Triebfahrzeuge spätestens Ende 1964 entsprechend auszurüsten. Wittenberger Loks fuhren ja nicht nur in grenznahe Bahnhöfe wie Hof, Bebra, Helmstedt und Lübeck, sondern 57 Kilometer ins Landesinnere und in eine Millionenstadt der BRD. Man möge sich in Bezug auf technische Details und Dienstvorschriften an das Bundesbahn-Zentralamt in München wenden.

Die DR wurde kalt erwischt. Indusi? Keine Neufertigung möglich. Nur Vorkriegs- und Kriegsware vorhanden, 1946 abgebaut und eingemottet. Funktionsfähige Apparaturen waren handgezählt und befanden sich 1964 an einigen erlesenen Schnellfahrloks der Hallenser Fahrzeugversuchsanstalt (03 001, 03 1010, 18 201 und 18 314), zwei Berliner Regierungszugloks (03 095 und 157) – und, seit Kurzem, an ein paar 03en und 38ern der Bw Dresden-Altstadt und Elsterwerda. In den zweigleisigen Ausbau der Strecke Dresden – Berlin flossen erhebliche Investmittel. Diese Bahn galt als wichtigste im Reiseverkehr mit RGW-Staaten, deren Züge unter internationaler Zugüberwachung gestellt werden sollten. Alle nach und nach fertiggestellten Abschnitte (Elsterwerda – Baruth zuerst) erhielten Magnete für die Zugbeeinflussung. Doch dann machte die BD Hamburg ernst und es kam zu einem Ad hoc-Tausch von drei Dresdener Indusi-03 (I) mit drei Wittenberger 03 ohne Indusi. Daran als Heizer beteiligt, sagt der Dresdener Rudi Lehmann: „Unsere Personale trafen sich mit den Wittenbergern in Berlin-Karlshorst. Jeder kam mit seiner 03 an und man ging zusammen mit dem jeweiligen Betriebsbuch unterm Arm in die Kantine.“ Auf diese Weise wechselten vor Weihnachten 03 162 (I) und 03 277 am 16.12., 03 180 (I) und 03 070 am 17.12. sowie 03 121 (I) und 03 105 am 19.12.1964 ihre Heimat.

Horst Deckert/Eisenbahnstiftung

Die Zugdichte im Bahnhof Berlin Zoologischer Garten war übersichtlich. Zwei Gleise je Richtung reichten für das bahnreisende Publikum der Zweimillionenstadt West-Berlin. An einem Junitag 1965 kam es vermutlich zu einer seltenen Betriebssituation. Magdeburgs 01 036 stand vor dem stark verspäteten D 110 (Berlin – Paris Nord), der im Ostbahnhof den D 122 aus Warschau abwartete. Unterdessen traf die Wittenberger 03 121 (Indusi) mit D 164 nach Hamburg-Altona ein.

Was für eine Lok! 01 502 wird nach Ankunft mit D 264 (aus Dresden, via Schwerin) am späten Nachmittag im Juni 1968 in Hamburg-Altona von Jung und Alt bestaunt. Blickfänger sind auch ihre in Deutschland völlig unüblichen Boxpok-Räder. Im Sommer 1968 belaufen sich die Fahrzeiten zwischen Hamburg und Berlin auf 5 Stunden 20" (D 166) bis 6'20' (D 1065).

John Jürgens/Sammlung FDE

Ein neuer Platzhirsch erscheint

Eigenwillig, stark und selbst für Laien unverwechselbar. So könnte die aus der klassischen Einheitslok der Zwischenkriegszeit heraus rekonstruierte 01 der DR auf Anhieb gewirkt haben. Ihre ungewohnte Linienführung mit steiler Schürze, mittelgroßen Windleitblechen und durchgehender Domverkleidung, gepaart mit einem neuen Kessel, dessen Leistung in Deutschland seinesgleichen suchte, davon konnten sich die Wittenberger Lokpersonale überzeugen, als im Spätsommer 1965 die ersten drei aus Erfurt kommenden Maschinen auf ihrem Hof auftauchten: 01 521, 520 und 501. Was noch anders war? Ihre Ölfeuerung. Es dauerte noch knapp drei Jahre, bis im August 1968 ein Dutzend weiterer 01^5-Öl so gut wie alle 03 verdrängten und den Schnellzugverkehr zwischen Hamburg und Berlin (nun ohne Brennstoffknappheit) für Jahre beherrschten.

Leider hielt die Oberbausanierung nicht mit dem Wandel innerhalb der Dampftraktion mit. Die im Gegensatz zur DB kontinuierlich steigende Gütertransportmenge der DR erhöhte die Gefahr, dass schnellfahrende Reisezüge ausgebremst oder aufgehalten wurden. Nicht vor 1968/69 schaffte es die Reichsbahn, wenigstens auf der am höchsten beanspruchten Partie Ludwigslust – Witten-

Jürgen Hagemann

Begegnung zweier Hamburg-Züge am Bahnhof Zoo in Berlin. Jürgen Hagemann reiste im Sommer 1968 aus Hamburg im D 1065 an (Hmb Hbf 8.03 – Bln Zoo 13.47 Uhr) – ein Zug, der nur viermal verkehrte, nämlich sonnabends vom 13. Juli bis zum 3. August. An der Zugspitze sehen wir einen als „Hechtwagen" bezeichneten Schnellzugwaggon der frühen 1920er Jahre. Auf die Sekunde kommt der täglich laufende D 164 entgegen (Berlin Zoo ab 13.46 – Hamburg Hbf 19.37/Altona 20.02 Uhr). Die Wittenberger 01 520 ist insofern außergewöhnlich, da sie genau in dieser Zeit (Juli 1968) ihr monatliches Laufleistungs-Maximum einfährt: 23.003 km in 28 Betriebstagen ergeben einen Tagesdurchschnitt von 822 km. Ein nach heutigem Kenntnisstand nicht übertroffener Wert für die 01^5. Und die Zuglok des einfahrenden D 1065? Zufällig fotografierte der Berliner Heinz Krautzschick vom Parkdeck des Bilka-Kaufhauses (auf der rechten Seite des Zuges) am 3. August die Einfahrt mit dieser Wagenkombination in Sonne – mit der Zuglok 03 204 des Bw Wittenberge. Auch sie ist eine Besondere, da seit 45 Jahren gehegte und gepflegte Traditionslok in Cottbus.

berge (1963 lag hier die Kapazitätsauslastung bei 95 %) zwei kurze Abschnitte wieder zweigleisig auszubauen: Ludwigslust – Klein Warnow und Karstädt – Wittenberge. Der Rest zwischen Büchen und Berliner Außenring blieb eingleisig.

Die Distanz von Nauen zu den Fernbahnhöfen Berlin Lehrter Bahnhof oder Zoologischer Garten differierte nur um wenige hundert Meter. Aber die Fahrzeit! 1934 benötigte eine 03 mit ihrem D 3 aus Hamburg in vollem Auslauf 25 Minuten. 1969/70 schlich eine ölgefeuerte 01^5, Deutschlands stärkste Zweizylinder-Pazifik, vor D 163 in 80 Minuten dahin. Das Zupackende an dieser Reko-Lok auch im oberen Tempobereich zu erfahren, das konnten die Lokführer zunächst eher zwischen Büchen und (Hamburg-)Berliner Tor als von Schwanheide bis Berlin. In dieser Phase benötigten einige Transit-„Schnellzüge" für die Distanz Berlin – Hamburg mehr als sechs Stunden.

Endlich tut sich was beim zweigleisigen Wiederaufbau: Blick aus der V 180 074 (Bw Magdeburg) auf die Gleislage zwischen Grabow und Klein Warnow im August 1968.

Rbd Schwerin/Sammlung Robin Garn

Rainer Schnell

Das Halbschuppenrund von Rothenburgsort, Hamburgs lange Jahre für die Berliner Strecke verantwortliches Betriebswerk für die Güterzugtraktion, öffnete sich nach Nordosten hin zum Bahndamm am S-Bahn-Haltepunkt Tiefstack, durch den die Reisezüge nach Berlin dampften. Am 29. August 1972 war es 01 0510 mit dem D 165, während unten 094 661, 640, 712, 051 010 und 105 vor sich hindümpelten.

Die 1970er und 1980er Jahre: Von der Verlässlichkeit, dem Traktionswandel und dem Güterverkehr

Im Kanon ihrer neuen (und von der Opposition angefeindeten) Ostpolitik erzielte die Regierung Brandt/Scheel zu Beginn der 1970er Jahre eine Reihe vertraglicher Übereinkünfte mit den vier Siegermächten, Polen und von bilateraler Bedeutung mit der DDR. So wurde das Abkommen über den „Transitverkehr von zivilen Personen und Gütern zwischen der Bundesrepublik Deutschland und Berlin (West)", zwischen den Staatssekretären Egon Bahr (Bundesrepublik) und Michael Kohl (DDR) ausgehandelt, am 17. Dezember 1971 in Bonn unterzeichnet. Diese erste auf Regierungsebene beider deutschen Staaten abgeschlossene Vereinbarung trat am 3. Juni 1972 in Kraft. Wenige Tage zuvor, am 26. Mai, ratifizierten beide Seiten den innerdeutschen Verkehrsvertrag. Beides erleichterte das Reisen auf der Berlin-Hamburger Eisenbahn.

Die Erteilung der Transitvisa erfolgte von nun an im Zug und Untersuchungen des persönlichen Gepäcks unterblieben. Die Züge wurden auf DDR-Gebiet von Angehörigen einer Passkontrolleinheit des Ministeriums für Staatssicherheit und der Transportpolizei begleitet. Visagebühren entfielen, wofür die DDR eine vertraglich vereinbarte „Transitpauschale" von der Bundesregierung bekam (1972: ca. 235 Mio. DM, 1989 ca. 525 Mio. DM). Von dieser jährlichen Geldzahlung aus dem Bundeshaushalt finanzierte sie auf ihrem Territorium Infrastrukturmaßnahmen der Transitwege.

Unter den deutsch-deutschen Bahnübergängen für den Reiseverkehr spielte der von Helmstedt/Marienborn immer die mit Abstand wichtigste Rolle. Büchen/Schwanheide folgte mit Abstand zusammen mit Bebra/Gerstungen auf Platz 2 und 3. Vor 50 Jahren vernahmen täglich knapp 300 Menschen zwischen Hamburg und Berlin über Lautsprecher: „Schwanheide, hier ist Schwanheide! Werte Reisende, wir begrüßen Sie in der Deutschen Demokratischen Republik! Alle Reisende, die nicht nach Berlin fahren, werden aufgefordert, sofort auszusteigen, da dieser Zug bis Berlin nicht hält! Ich wiederhole...!"

Das monotone Tacktack-tacktack, wenn die Drehgestelle alle 50-100 Meter auf einen Schienenstoß treffen, untermalt vom mäßigen Gestampfe einer Zweizylinder-Dampflok, später Aufgeheule einer sowjetischen Großdiesellok – das war über Jahrzehnte die Begleitmusik auf Bahnreisen von und nach Berlin. Das ureigene Odeur des DDR-Desinfektionsmittels Wofasept aus dem Chemiekombinat Bitterfeld, mit dem die Kunststoffpolster in den Abteilen besprüht wurden, es trug dazu bei, fast schon in meditative Zustände zu versinken. Man wurde jäh aus ihnen herausgerissen, wenn plötzlich die Abteiltür aufgerissen, worin ein Mann in Uniform, „Guten Tag, Passkontrolle der DDR, Ihre Reisedokumente zur Kontrolle“ rufend und seinen Bauchladen voller Kugelschreiber, Formulare, Stempel und Fahndungslisten aufklappend, eine Hand lässig zu der Person hin öffnete, die seiner Reihenfolge nach als erste ihre Reisedokumente auszuhändigen hatte.

Generell hatten Transitzüge Sonderrechte im Betriebsablauf, die in erster Linie außerplanmäßiges Halten der Züge unter allen Umständen vermeiden helfen sollten. Passierte es dennoch, hatte der verantwortliche Fahrdienstleiter mit einem Verweis zu rechnen. Notwendige Betriebshalte (bis 1976 meist wegen des Lokwechsels 01^5/132 in Wittenberge) sicherte die Transportpolizei ab, indem sie den Zug so umstellte, dass ihn kein DDR-Bürger betreten konnte. An den beiden hiesigen Grenzbahnhöfen der DDR betrug die Standzeit nun lediglich 5 bis 8 Minuten. Zum Finale schnüffelte sich der Diensthund (Schäferhundrasse) unter dem Zug entlang, animiert vom Hundeführer auf dem Bahnsteig, der seinem Vierbeiner Beine macht: „Komm, Biene, weiter, komm!“ Alsdann trotteten die Pass- und Zollorgane von dannen. Dem gellenden Abfahrtspfiff folgte der Ruck gespannter Kupplungen und weiter ging die Reise zurück in den Westen.

Wandel in der Traktion 1973 und 1976

Zu den Mammutaufgaben einer jeden Staatsbahn in der Nachkriegszeit zählte der Traktionswandel weg von den Dampflokomotiven und hin zu den Diesel- und Elektro-Triebfahrzeugen. Nachdem die Deutsche Reichsbahn, wie überall üblich, sich daran machte, die Verdieselung und Elektrifizierung simultan zu stemmen, wurde ihr 1965 seitens des Politbüros im Einklang sowjetischer Interessen ein Riegel dergestalt vorgeschoben, sich auf die mineralölbasierte Motorisierung zu konzentrieren. Erstmalig zum Tragen kam dies vor den Transitzügen Hamburg – Berlin am 3. Juni 1973, als, ge-

Christian Eilers

Seitdem sich die Hamburger S-Bahn auf der Berliner Strecke sukzessive bis Aumühle erstreckte, nutzt sie die Ferngleise mit. Oder eher umgekehrt: die wenigen Fernzüge hatten sich in die Taktung der mit 1.200 V Gleichstrom gespeisten Elektrotriebwagen zu fügen. Vor dem Haltepunkt Mittlerer Landweg rauschte am 16. Mai 1970 die 01 507 mit dem Dresdner D 264 heran; im Hintergrund das im Jahr zuvor errichtete Neubaugebiet von Nettelnburg.

Stefan Pfütze

Ein Stelldichein der stärksten Pazifiks von DR und DB war nur in Altona möglich, bis sich die hiesigen 012 am 30. September 1972 verabschiedeten. Einen Tag zuvor trafen sich 01 0525 (D 407/165) und 012 071 (D 822).

Ulf Schleef

DR-Lokomotiven auf Abwegen

Im grenzüberschreitenden Verkehr nach Hamburg kam es zu vielen besonderen Situationen. Einige wenige sind dokumentiert …

Eine Hagenower 50^{40} in Altona!
Der Hamburger Eisenbahnfreund Rainer Schnell: „Am 7. Juni 1970 warteten wir zu dritt in Schwarzenbek auf den nachmittäglichen Berliner Schnellzug (D 164) mit einer 01^{5}. Aber der kam und kam nicht. Entmutigt brachen wir auf. Zurück zum Auto wischte hinter unserem Rücken und hinter einer Baumreihe der Zug vorbei. Wir erahnten noch an der Kontur und Domlinie der Lok: das war keine 01^{5}! Also hinterher. Im Bw Altona dann die Bescherung: eine Hagenower 50^{40}!
50 4031 wurde kurz behandelt, gedreht und rückte dann aus – nach Eidelstedt, weil dort noch Kohlen lagen. Aber wir sind nicht hinterher. Heute raufe ich mir die (wenigen) Haare darüber. Auch, das wir über die Rückleistung keinerlei Anstrengungen unternommen haben.

Günther Ungerbieler

Die DR-118 war doch in Hamburg! Schweriner (Indusi-)118er sprangen ein und kamen rüber, zumindest bis zum Hauptbahnhof der Hansestadt: 118 339 am 15.12.70 mit D 166/165 wegen eines Unfalls in Klein Warnow, und 118 341 mehrfach über Ostern 1973, wie hier am D 10437 am 19. April.

Klaus Jakob

Eine 01^{5} in Lüneburg!
In den frühen Morgenstunden des 6. Juni 1973 entgleiste bei Reinbek Güterzug 7703 durch einen Achsgabel-Bruch. Schwere Schäden am Oberbau bedingten eine Streckensperrung. Alle Berlin-Züge mussten über Lüneburg umgeleitet werden, die Wittenberger 01^{5} also zwischen Lüneburg und Büchen Tender voran fahren. Ohnehin wurde das Lokpersonal der DR von streckenkundigen Kollegen der DB begleitet. Klaus Jakob war einer von ihnen. Er stieg am späten Nachmittag in Hamburg Hbf am D 165 auf 01 0509. Der Wittenberger Lokführer sagte: „Dann musst du aber fahren!“ Gesagt, getan. Jakob hatte seinen Fotoapparat bei sich. In Lüneburg nahm er von der 01 0509 die 01 0527 auf. Sie hatte schon umgesetzt und wartete mit D 164 zur Weiterfahrt nach Hamburg.

Ausfahrt Bahnhof Zoologischer Garten, dem Fernbahnhof West-Berlins. Von erhöhter Warte aus dem Bürobau gegenüber schauen wir über die versetzten Hallen von Fern- und S-Bahnhof in die Hardenbergstraße in Richtung Ernst-Reuter-Platz. Am linken Bürgersteig reihen sich Pavillon-Bauten, darunter das Amerikahaus und daneben die untergebrachte Werbe- und Auskunftsstelle der Deutschen Bundesbahn. Mit geöffneten Zylinderhähnen und satten Auspuffschlägen setzt 01 0508 am 1. Juni 1976 den D 1332 nach Hamburg in Bewegung. Er führt Kurswagen bis Westerland mit sich. Seine Abfahrzeit variiert im Bahnhof Zoo, je nachdem, ob ihm in Berlin-Wannsee noch Auto-Transportwagen angehängt werden (10.13 Uhr am Fr-Sa). Da das Aufnahmedatum auf einen Dienstag fällt, weist die auf der Normuhr angezeigte Zeit (10.25 Uhr) auf eine pünktliche Abfahrt hin.

Hans-Georg Kleine/Sammlung Garn

Sammlung Robin Garn

Lange mussten noch Bahnsteigkarten gelöst werden, zu 80 Pfennig – abgeknipst von uniformierten, meist in Ehren ergrauten, aber resolut gebliebenen Damen an der Sperre.

Ein Transitzug aus Hamburg (D 337 mit 01 0532 im Dezember 1975) durchfährt die Mauer nach Ausfahrt im Grenzbahnhof Griebnitzsee. Links das Güterzugleis Berlin-Wannsee – Seddin.

Karsten Risch/Eisenbahnstiftung

Joachim Laes/FDE

Karsten Risch/Eisenbahnstiftung

Eine Ausfahrt im Bahnhof Zoo nach Westen, wenn der Zug sich in die Rechtskurve zwischen Kant- und Fasanenstraße legt, zudem noch vom späten Licht beschienen, und dann unter lautstarken Abdampfschlägen in die Häuserschluchten Charlottenburgs eintaucht … Diese sinnliche Erfahrung, verbunden mit einem Abschied aus Berlin, bleibt unvergessen und wurde selten so gut eingefangen, wie in diesen beiden Aufnahmen aus dem und von dem D 336 im März (oben) und im September 1975 (unten, mit 01 0517).

Entwicklung des deutsch-deutschen Transit-Reiseverkehrs mit der Bahn 1968 – 1987

Jahr	Eisenbahn-Anteil	Gesamtzahl	Übergang Büchen/Schwanheide
1968	9,4 %	1.039.627	154.541 (14,9 %)
1969	8,7 %	1.016.306	175.313 (17,3 %)
1970	8,9 %	1.136.483	192.098 (16,9 %)
1971	9,2 %	1.265.648	216.619 (17,1 %)
1972	9,1 %	1.457.507	260.318 (17,9 %)
1973	11,3 %	1.978.760	377.929 (19,1 %)
1974	12,2 %	2.138.491	431.876 (20,2 %)
1975	11,4 %	2.071.565	419.407 (20,2 %)
1976	11,3 %	2.137.129	449.045 (21,0 %)
1977	12,2 %	2.418.570	540.924 (22,4 %)
1978	12,5 %	2.604.746	556.332 (21,4 %)
1979	13,1 %	2.779.375	541.393 (19,5 %)
1980	13,9 %	3.055.036	575.416 (18,8 %)
1981	14,0 %	3.069.599	575.437 (18,7 %)
1982	12,8 %	2.755.111	487.737 (17,7 %)
1983	11,4 %	2.547.493	431.192 (16,2 %)
1984	10,5 %	2.508.285	396.704 (15,8 %)
1985	10,2 %	2.669.997	371.493 (13,9 %)
1986	9,5 %	2.510.791	346.784 (13,8 %)
1987	9,7 %	2.815.069	403.553 (14,3 %)

Bemerkungen: Andere Verkehrsträger: Straßenverkehr, Luftverkehr. Größtes Plus 1973 (deutsch-deutsche Verträge) mit 35.8 % gegenüber Vorjahr. Abschwung 1982-86 auf der Hamburger Schiene um 40 % durch Autobahnbau Berlin – Wittstock – Hamburg. Der publikumsstärkste Übergang war Helmstedt mit konstant über 50 % aller Transit-Reisenden.

mäß der deutsch-deutschen Vereinbarung vom 26.5.72, der Einsatz der DR-Loks in Hamburg vorbei war. Nach dem Aus der Altonaer 012 und Rothenburgsorter 050 und 094 im Herbst 1972, hielten Wittenberges 01^5 als Letzte die Fahne von „König Dampf" in der Hansestadt hoch. Nun regelten DB und DR, dass in Büchen (neben den Güterzügen seit 1947) auch Reisezüge umgespannt werden. Die drei Transitzugpaare D 336/337, 338/339, 1332/1333 (und die Dresdner Interzonenzüge D 436/437) bespannten von nun an V-Loks der DB zwischen Altona und Büchen (zunächst BR 220, 221, ab 1978 BR 218); die DR übernahm mit ihren Babelsbergerinnen der BR 118 des Bw Schwerin die Traktion Büchen – Wittenberge (338/339 im Durchlauf Berlin Stadtbahn). Den Wittenberger 01^5 verblieben die Beförderung des 336/337 und 1332/1333 Wittenberge – Berlin Stadtbahn; allerdings nur noch für gut drei Jahre. Ihre Ablösung durch die Baureihe 132, die ihre Allgegenwärtigkeit seit Januar 1974 (Neulieferungen direkt aus Woroschilowgrad/Lugansk) auch in Wittenberge unterstrich, geschah mit Beginn des Winterfahrplanes am 26. September 1976. Noch prestigeträchtiger wirkte das Datum, weil sich mit ihm sowohl die Wiederinbetriebnahme des Bahnhofs Spandau als auch die gleichzeitige Öffnung des Grenzübergangs Staaken für den Fernverkehr in Verbindung bringen ließ. Der Umweg über Griebnitzsee entfiel ebenso wie der Lokwechsel in Wittenberge. Beides zusammen ergab einen Fahrzeitgewinn von rund 30 Minuten.

Bahnhof Büchen. Am Abend des 17. August 1976 um kurz vor halb neun, klappte ein Fotograf sein Stativ aus, um die Zuglok des D 336 aufzunehmen, mit dem er aus Berlin anreiste.

Konrad Koschinski

Robin Garn

Holger Raebel/Slg. Helmut Starck

Zwischen Wachtürmen und hinter Minenstreifen schlängelt sich 01 0532 mit D 337 aus Hamburg am Spreebogen entlang zum nahen Grenzbahnhof Friedrichstraße, aufgenommen vom Parkplatz des Reichstagsgebäudes am 26. August 1976 – nach dem Schulklassenbesuch in der sehenswerten Ausstellung „Fragen an die deutsche Geschichte".

Noch eine Ausnahme, demnächst aber die beherrschende Regel: eine 132 vor einem Hamburger Transitzug. Eigentlich sollte hier mit D 336 bei der Ausfahrt in Berlin-Wannsee an einem Septembertag 1976 eine 01^5 zu sehen sein. Ende des Monats, genauer am 26. 9., erst werden die in Wittenberge stationierten sowjetischen Großdieselloks alle deutsch-deutschen Reisezüge zwischen Berlin – Wittenberge und Büchen bespannen. Die aus Lugansk stammende 132 194 nahm das Raw Dessau am 17.4.75 ab, tags darauf beurkundete die Rbd Schwerin den Zugang der Lok im Bw Wittenberge, wo sie bis August 1987 etwa 225.000 km pro Jahr läuft.

Von Zernitz nach Mekka

Im Gespräch mit Uwe Ramin, 1975 als 18-Jähriger der jüngste Fahrdienstleiter im Amtsbezirk von Wittenberge

Geboren in Kyritz an der Knatter, bin ich zur Eisenbahn gekommen auf Empfehlung meines Vaters, der im Reichsbahnamt Wittenberge für den gesamten operativen Dienst zuständig war. Eingeschult wurde ich in Neustadt/Dosse, weil mein Vater damals dort noch stellvertretender Bahnhofsvorsteher war. Wir wohnten 1963 im Bahnhofsgebäude. Wenn ich heute da vorbeischaue, dann tränen mir die Augen, so beklagenswert ist der Zustand des Bahnhofs. Das ist echt schlimm, dass da eben nichts passiert. Dass die Bahn es nicht veräußert bekommt oder die Stadt es restauriert. Es sind doch einmalige Bauten aus der Anfangszeit der Bahn.

Mit 15 begann ich in Wittenberge meine Lehre und kam unmittelbar im Anschluss daran mit einem Ersatzticket oder wie soll ich sagen, mit einer Nottaufe nach Zernitz. Dort hatte man dringend Fahrdienstleiter gesucht. Diese Gegend war nicht gesegnet mit vielen Eisenbahnern. Mir fehlte allerdings die Fahrdienstleiterprüfung. Also bekam ich einen einmonatigen Schnelllehrgang. Anschließend wurde ich mit dem Auto nach Zernitz gefahren, um meine örtliche Prüfung vorzunehmen. Das Ganze (Theorie und Praxis) hat vier Stunden gedauert. Somit war ich im Dezember 1975 mit 18 Jahren der jüngste Fahrdienstleiter im Reichsbahnamtsbezirk Wittenberge.

Mit anderen Worten haben Sie noch zehn Monate in Zernitz Transitzüge mit Wittenberger 01⁵ durchgeleitet.

Ja, 336, 337, dann gab es den 1332/1333. Das waren die „Zitteraale“ dort. Und in Wittenberge war immer Lokwechsel zu der Zeit. Normalerweise am Bahnsteig. Aber wenn dicke Luft war, oder durch Verspätung anderer Personenzüge viele Reisende auf den Bahnsteigen erwartet wurden, fand der Lokwechsel entweder in Kuhblank oder am Stellwerk Wittenberge Nord statt.

War der Begriff des Zitteraals für einen Transit-Reisezug schon 1975 geläufig?

Absolut. Die Züge standen immer unter einer besonderen Überwachung, weil, das hat man uns eben eingebläut, die dem Transit-Abkommen unterliegen. Und ein Zug mit Westdeutschen und/oder Westberlinern sei wie fremdes Hoheitsgebiet zu behandeln. Und wenn ein Bürger der DDR ein Zug-

Uwe Ramin (3)

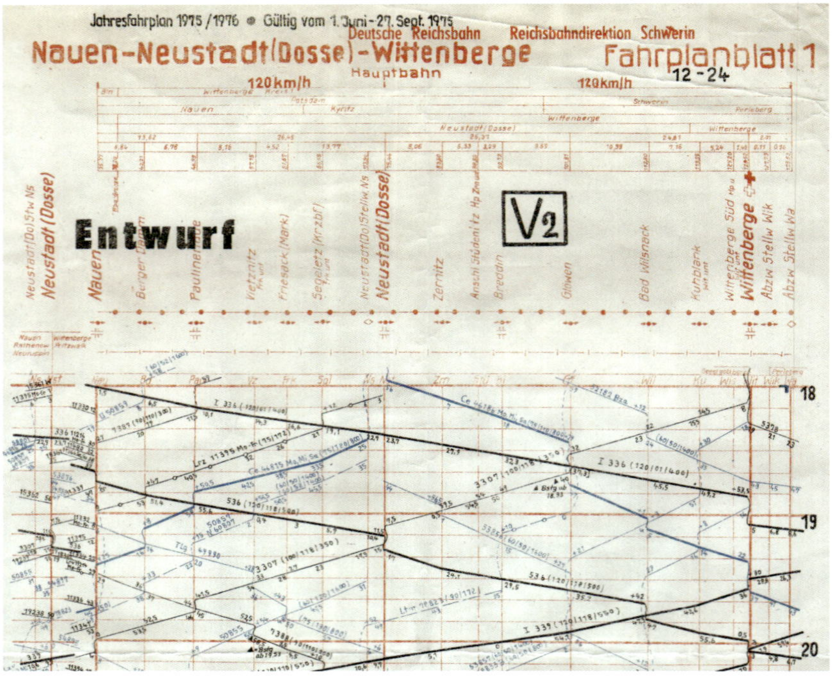

Rbd Schwerin/Sammlung Robin Garn

Morgenstimmung in Zernitz, März 1979

Links oben: **Selbstporträt als Fahrdienstleiter in Zernitz, September 1976.**

Links: **Bildfahrplan (Entwurf), Sommer 1975: Die Züge 336 und 339 sind „Zitteraale".**

Langzeitaufnahme aus dem Stellwerk in Glöwen (1979).

halt unterwegs ausnutzen sollte, um in diesen Zug einzusteigen, dann sei er quasi im Westen. Dieses Gefühl, dieser Umstand ging diesen Zügen in jeder Meldung unter Fahrdienstleitern von Stellwerk zu Stellwerk immer voraus. Natürlich stand auch im Vordergrund, Qualität zu zeigen, dass wir von der Deutschen Reichsbahn verlässlich dazu in der Lage sind, die Transitzüge pünktlich durchzuschleusen.

Und dann kommt bei Ihnen der Nahgüterzug nicht pünktlich in die Ecke oder der Personenzug schleicht in die Überholung …

Genau, das, was Sie beschreiben, ist in Zernitz durchaus mal passiert. Es gab auch Heißläufer und Lokprobleme. Dahinter lag dann dieser Zitteraal, sagen wir D 337 Richtung Berlin, und der hat in Breddin eine gelangt gekriegt – auf Deutsch: wegen verspäteter Signalfreigabe kam er zum Bremsen.

Nach so einem Vorfall dauerte es in der Regel keine 20 Minuten und es erschienen die Organe, entweder die Transportpolizei oder die Staatssicherheit, um der Sache nachzugehen. Die waren sofort zur Stelle, und wenn es nur zu einer Abbremsung kam. Wenn Sie im deren Sinne schuldhaft diese Situation herbeigeführt oder nicht vermieden haben, kam der Amtsvorstand mit dem Dienstwagen höchstpersönlich vorbei und hat Ihnen einen Verweis verpasst. Von Kollegen habe ich gehört, dass vor meiner Zeit die betroffenen Fahrdienstleiter als Strafmaßnahme vier Wochen vom Stellwerk runterkamen und andere Arbeiten erledigen mussten.

Entlang der Berliner Strecke habe ich als Fahrdienstleiter alle möglichen Bahnhöfe durch, von Grabow über Kuhblank, Glöwen und Zernitz bis Berger Damm, auch die Blockstellen Nebbelin, Neese und wie sie alle hießen. Zum Glück blieb ich von einem Verweis verschont.

Wie ging es denn weiter mit Ihnen?

Während der Armeezeit hatte ich mich beworben und kam direkt von der NVA auf die Ingenieurschule für Eisenbahn-Betriebs- und Verkehrstechnik nach Gotha. Nach der Ausbildung wartete der Posten des Bahnhofsleiters in Wittstock (Dosse) auf mich. In Wittstock fühlte ich mich sauwohl, da war eine tolle Bahnhofsanlage und alles wie eine riesige Familie. Meine Frau, eine gebürtige Dresdnerin, vermisste allerdings die Großstadt.

1984 bot man mir im Hafenbahnkomplex Rostock den Posten des Abteilungsleiters Verkehrsdienst an. 1986 rückte ich auf zum Stellvertreter und 1991, nachdem ich links und rechts überprüft worden bin, zum Leiter der Hauptdienststelle Rostock Seehafen.

1996 wechselte ich zu DFO/Scandlines und war zuständig für das operative Eisenbahngeschehen auf den Eisenbahnfährschiffen. Damals wurden seitens Bahnchef Dürr die Fähraktivitäten der Bahnen von Ostsee-Anrainern zunächst in der DFO und später zu Scandlines zusammengeführt. Aber es gab politische Streitereien in diesem Geschäft und ich wechselte daher 2012 zur DB International; heute DB Engineering and Consulting. Hier bin ich im Projektgeschäft, als Vertreter der DB AG, so als Supervisor auf der S-Bahn Mekka-Metro (Saudi-Arabien). Dorthin pilgern bekanntlich in jedem Jahr rund 3,5 Millionen Muslime zu ihrer Hadsch, die dann eine Woche lang die Metro der Metropole Mekka nutzen – rund 75.000 Pilger je Richtung und Betriebsstunde.

Gerhard Illner/Sammlung Robin Garn

Neubaulok 50 4001 nähert sich am 27. Mai 1959, mit einem von Wittenberge kommenden Güterzug, Ludwigslust. Im Güterzugverkehr der Rbd Schwerin löste die Baureihe 50^{40} ab Ende der 1950er Jahre die bis dato allgegenwärtige 57^{10} preußischen Ursprungs ab. Maschinen des Bahnbetriebswerks Hagenow-Land dienten im grenzüberschreitenden Verkehr bis 1976.

Der Komplex Schwanheide – Kuhlenfeld – Hagenow-Land

Um Verkehrszuwächse – nicht bloß um ein Zugpaar, sondern um eine Massenbewegung, wie es im DDR-Jargon hieß – muss die Rede sei, wenn es um die Entwicklung auch des grenzüberschreitenden Güterverkehrs auf unserer Strecke geht: Der Wiederaufbau eines zweiten Gleises auf Hauptstrecken hielt nicht Schritt mit steigenden Frachtmengen. Der Tonnagezuwachs zwang die DR, überall Fahrplantrassen für den Güterverkehr zu schaffen. Mehr noch, zum Herbst 1953 sah sich der Leiter der Hauptverwaltung Betrieb im Benehmen, soll heißen harten Ringen mit seinen Vertretern, dazu gezwungen, mehrere Dutzend Post-, Personen- und schnellfahrende Reisezüge zugunsten der Güterzüge ausfallen zu lassen.

Insgesamt 21 Eisenbahn-Grenzübergänge der DDR gliederten sich wie folgt: zwei zur See (Schweden, Dänemark), sieben zu Polen, vier zur ČSSR und acht zur Bundesrepublik. Schwanheide nahm im Güterverkehr, gemessen an der Kapazität und Transportmenge, von allen Übergängen zur Bundesbahn einen Spitzenwert ein. Mehr noch, für Einfuhr, Ausfuhr und Transitleistungen im Frachtverkehr, lag die

DR/DB: Gegenüberstellung der Kapazität und Auslastung im grenzüberscheitenden Güterverkehr 1973

Grenzübergang (Nachbar-Staatsbahnhof)	**Eingang / Ausgang Kapazität** (Züge am Tag)	**Transportmenge** (Tonnen am Tag)	**Ø Auslastung** (Tonnen pro Zug)	**Züge** pro Tag)
Gutenfürst (Hof)	8 / 7	1237 / 2378	247 / 476	5 / 5
Probstzella (Ludwigsstadt)	12 / 7	174 / 1923	44 / 481	4 / 4
Gerstungen (Bebra)	16 / 18	5119 / 4016	466 / 402	11 / 10
Ellrich (Walkenried)	10 / 9	2288 / 2025	572 / 506	4 / 4
Marienborn (Helmstedt)	16 / 7	7380 / 449	820 / 90	9 / 5
Oebisfelde (Wolfsburg)	16 / 23	4698 / 5214	470 / 307	10 / 17
Schwanheide (Büchen)	**23 / 16**	**14.072 / 5338**	**880 / 485**	**16 / 11**
Herrnburg (Lübeck)	5 / 6	930 / 1141	310 / 285	3 / 4

Der Tagesdurchschnitt wurde aus 300 Tagen im Jahr ermittelt. Eine zweite für das Jahr 1980 erstellte Übersicht der Hauptabteilung Wissenschaft und Technik (Eisenbahnverkehr) sah Schwanheide bei den Transportumfängen sehr deutlich an der Spitze mit täglich 19.500/6800 Tonnen im Eingang/Ausgang, im Vergleich zu Oebisfelde (7700/7700) und Gerstungen (7600/5800).

Rechte Seite: **Volle Gleise in Wittenberge. Auf der Berliner Seite des Keilbahnhofs überblickte das Gleisfeld, wer den Fußgängersteg ins Raw betrat. Zu sehen sind im Sommer 1970 größtenteils zweiachsige Güterwagen unterschiedlicher Bauart und mit deutlichen Gebrauchsspuren. Dahinter Lokomotiven der Baureihen 118, 50^{40} und 50^{00}. Das Bw Wittenberge vereinte seinerzeit mit 40 Maschinen (15 × BR 01^{5}, 9×44^{0}, 16×50^{00}) mehr ölgefeuerte Dampfloks als eine andere Dienststelle der DR. Auf einer numerischen Skala schwerlich abbilden lässt sich hingegen die (von mir geteilte) Behauptung, der Bahnhof Wittenberge hätte die Mitropa mit dem reichhaltigsten Speiseangebot in der DDR besessen.**

Glöwen verfügte am Hausbahnsteig in Richtung Wittenberge einen architektonisch außergewöhnlichen Wasserturm samt Kranausleger aus dem 19. Jahrhundert. Er war wohl lange nicht mehr in Aktion, als am 19. September 1970 die Durchfahrt eines Güterzuges mit V 200 145 fotografisch festgehalten wurde. Ein Eisenbahner beobachtet die Szene. Vielleicht wünschte er sich, einmal Herr über 2.000 PS zu sein. Vorerst musste er mit sehr viel weniger vorlieb nehmen. Seine Lok, 99 4701, schmauchte rechts außerhalb des Bildes auf dem Schmalspurteil des Bahnhofs vor einem Personenzug nach Havelberg vor sich hin.

Hans-Joachim Lange

Rbd Schwerin/Sammlung Robin Garn

K.D. Hensel/Eisenbahnstiftung

Über 40 Jahre wechselten in Büchen an Güterzügen Triebfahrzeuge der Bundesbahn auf die der Reichsbahn und umgekehrt. Der Bahngrenzübergang im Lauenburgischen hatte im deutsch-deutschen Frachtverkehr auf der Schiene das meiste Gewicht. In den 1970er Jahren begegneten sich hier die V 200 aus Lübeck mit der aus Hagenow-Land (April 1971).

Rechte Seite: **Bis 1976, und somit länger als andernorts im Westen, ließen sich in Büchen DR-Dampflokomotiven blicken. In der Regel handelte es ich um die 50^{40} aus dem 47 km entfernten Bw von Hagenow-Land; so wie 50 4082, die am 8. April 1975 mit Dg 45979 über die Elbe-Seitenkanal-Brücke wieder heimwärts dampfte.**

Hamburg – Berliner Schiene von allen 21 Nahtstellen an dritter Stelle, hinter Frankfurt (Oder) und Bad Schandau. Eine vergleichende Übersicht zu den anderen DB/DR-Übergängen unterstreicht die Bedeutung von Büchen/Schwanheide. Nebenbei: Mitte der 1980er Jahre beförderte die DR mehr Güter als die wesentliche größere DB (z.B. 348 zu 321 Millionen Tonnen im Jahr 1985).

Aus der Hauptabteilung Wissenschaft und Technik stammt ein Papier vom 10. Januar 1975, gerichtet an den Genossen Knobloch, dem für den Betrieb zuständigen Stellvertreter des Generaldirektors der DR. Darin skizzierte der Leiter der Abteilung Entwicklung der DR die künftige Bedeutung aller grenzüberschreitenden Verkehre für den Zeitraum 1976/80 auf. Für die Verbindung Berlin – Hamburg finden sich die Punkte „Vollständiger zweigleisiger Ausbau“, „Verkürzung der Fahrzeiten zwischen Berlin (West) – Hamburg durch Aufnahme des Reiseverkehrs über den Grenzbahnhof Staaken“, „Einrichtung von zusätzlichen Verkehrshalten für Transitzüge auf den Bahnhöfen Charlottenburg, Spandau und Wannsee“ und „Kapazitätserhöhung des Grenzbahnhofs Schwanheide“. Für alle Vorhaben galt die nachstehende Lesart: „Vorschläge wie diese sind von der Regierung der DDR an die Regierung der BRD und den Senat von West-Berlin erfolgt. Zur Zeit kann keine Einordnung über die einzelnen Punkte gemacht werden, da alles von den Verhandlungen mit der BRD abhänge.“ Mit anderen Worten: Die DDR machte ihre Offerten davon abhängig, „daß die anfallenden Kosten von der BRD erstattet werden“.

Als erste/letzte Station in der DDR war Schwanheide von Anbeginn zu klein, um den grenzüberschreitenden Güterverkehr auf der Schiene mit dem Norden der Bundesrepublik (speziell mit Hamburg und seinem Hafen) abzuwickeln. Wenn ein ostwärts fahrender Güterzug keine Kreuzung erwartete, fuhr er in Schwanheide durch. In Richtung Hamburg wurde er im Grenzbahnhof zwischen 15 und 45 Minuten aufgehalten. Ausgehend von den „Forderungen der DDR-Sicherheitsorgane im Bereich der Staatsgrenze West“ übernahmen ab 1. Juni 1958 vorgelagerte Bahnhöfe als „komplexe Kontrollgruppe“ Aufgaben, für die Schwanheide nicht imstande war; und zwar Kuhlenfeld im Hinblick auf den Zoll (einschließlich Hundestaffel zum Absuchen der Güterwagen) und Hagenow-Land als Regulierbahnhof zum Rangieren und Zugbilden rund um die Uhr.

Baumaßnahmen am Dorfbahnhof geschahen unter Zeitdruck, um den grenzüberschreitenden Güterverkehr kontroll- und frachtenmäßig abzufertigen. Was nicht in ausreichendem Maße bedacht wurde, waren die Lebensbedingungen und Wohnungssituationen für 110 Eisenbahner, Spediteure der Deutrans und Kontrollorgane (Zoll, Pflanzenschutz, Transportpolizei). Kuhlenfeld: Was bot diese abseitige Gegend schon? Man konn-

Thomas Bentien

Slg. Garn

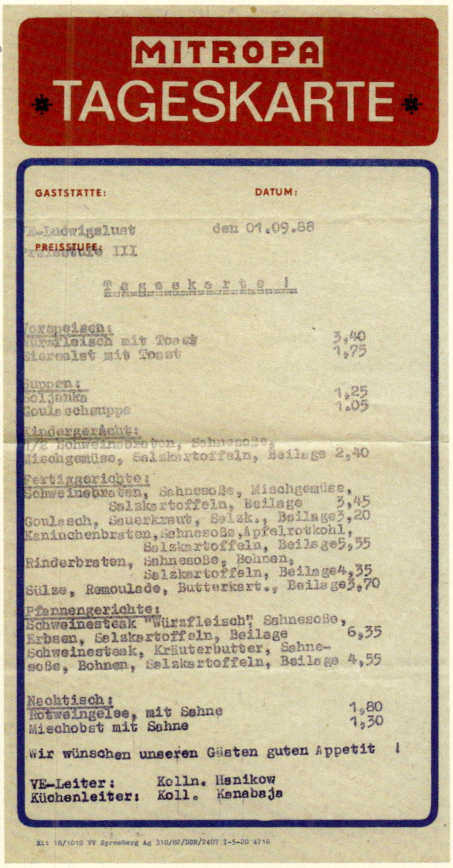

MITROPA
TAGESKARTE

GASTSTÄTTE: VE-Ludwigslust
DATUM: den 01.09.88
PREISSTUFE: Preisstufe III

Tageskarte !

Vorspeisen:
Würzfleisch mit Toast 3,40
Eiersalat mit Toast 1,75

Suppen:
Soljanka 1,25
Goulaschsuppe 1.05

Kindergericht:
1/2 Schweinebraten, Sahnesoße,
Mischgemüse, Salzkartoffeln, Beilage 2,40

Fertiggerichte:
Schweinebraten, Sahnesoße, Mischgemüse,
Salzkartoffeln, Beilage 3,45
Goulasch, Sauerkraut, Salzk., Beilage 3,20
Kaninchenbraten, Sahnesoße, Apfelrotkohl,
Salzkartoffeln, Beilage 5,55
Rinderbraten, Sahnesoße, Bohnen,
Salzkartoffeln, Beilage 4,35
Sülze, Remoulade, Butterkart., Beilage 3,70

Pfannengerichte:
Schweinesteak "Würzfleisch", Sahnesoße,
Erbsen, Salzkartoffeln, Beilage 6,35
Schweinesteak, Kräuterbutter, Sahnesoße, Bohnen, Salzkartoffeln, Beilage 4,55

Nachtisch:
Rotweingelee, mit Sahne 1,80
Mischobst mit Sahne 1,30

Wir wünschen unseren Gästen guten Appetit !

VE-Leiter: Kolln. Hanikow
Küchenleiter: Koll. Kanabaja

Mit 18/1018 VV Spremberg Ag 310/82/DDR/2407 I-5-20 4718

Eine Soljanka von Kollegin Hanikow ging immer! Tageskarte der Ludwigsluster Bahnhofs-Mitropa vom 1. September 1988. Guten Appetit!

Stefan Carstens

Mit Karacho (für die wartenden Dampflokfreunde aus Hamburg) donnerte der Wittenberger Lokführer mit dem Dg 53881 aus Hagenow-Land durch Ludwigslust (12. Oktober 1985).

1945 – 1990

Abschied vom Stahlross, nach mehr als 140 Jahren in Wittenberge: Am 30. Mai 1987 legte man am Lg 59811 nach Wustermark in Berger Damm einen Fotohalt ein.

Thomas Bentien

Güterzug-Hochbetrieb in Wittenberge Nord (dort, wo Ende Februar 1945 der Bombenteppich fiel, siehe Seite 47): Am 5. Oktober 1986 dampft die einheimische 50 3680 mit Dg 53828, darin zuvorderst Stahlbrammen, in Richtung Ludwigslust. Unterdessen setzt die Hagenower 120 104 an einen der bereitstehenden Güterzüge. Als nächste dürfte allerdings die bereits wartende 132 im Hintergrund ausrücken. Ein erster Betonmast und größere Fundamente sind gesetzt.

Thomas Bentien

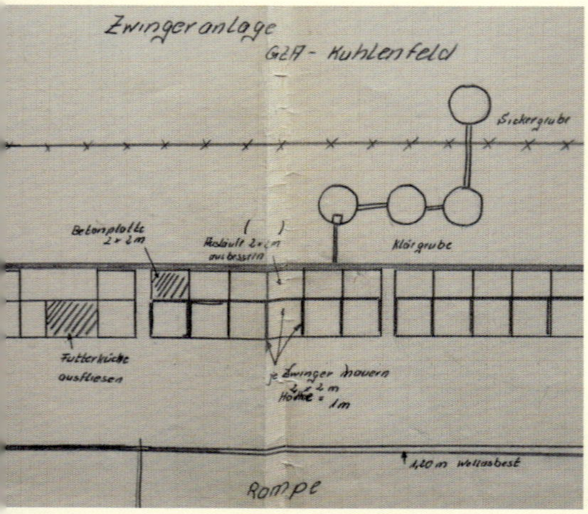

Slg. Garn

Entwurf einer Zwingeranalge für die Zollhunde im Grenzbahnhof Kuhlenfeld (1974).

Keystone

Bananen und gute Worte in Büchen. Über Jahrzehnte unverzichtbar: die Bahnhofsmission. Pressefoto vom 19. Januar 1989.

Robin Garn

Blick aus dem letzten Wagen des D 338 nach Hamburg bei der Einfahrt in die DDR. Die Brücke des Neunkircher Steigs im Hintergrund gehört noch zu West-Berlin. Unmittelbar dahinter fährt man, von Berlin-Spandau kommend, in einen zwei Kilometer langen, von Mauer und Posten bewehrten „Flaschenhals" in den Grenzbahnhof Staaken ein (8. September 1989).

Jan-Geert Lukner

Tausende DDR-Bürger warten am Abend des 18. November 1989 im Hamburger Hbf auf ihre Züge. Sofort legten Fahrplaner von DR und DB Zusatzzüge ein. Seit einem Tag verkehrte um 17.50 Uhr D 1139 nach Berlin-Lichtenberg.

te noch nicht mal an die Elbe. Zu wenige Wohnungen, eher barackenähnliche Provisorien. Aus jedem zu beschaffenden Möbelstück erwuchs ein langer Verwaltungsakt. Permanent Schichtdienst. Noch nicht mal eine anständige Kantine. Dauerhaft Personalmangel und Überstunden.

Aus den vergilbten Papieren der Rbd Schwerin über den Grenzvorkontroll-Bahnhof Kuhlenfeld von 1973/74 (im Januar 1996 selbst dort aufgefunden) strömt noch heute das Drama eingeschränkter Möglichkeiten unter Flutlicht („nicht hell genug") mit Hundezwinger („Umzäunung mangelhaft"). Und doch, dieser ganze Popanz um Warenkontrolle und Fluchtvereitelung von Mitbürgern sollte sich wirklich noch in Luft auflösen!

Der Fall der Mauer in der Nacht vom 9. zum 10. November 1989 verändert die Welt

Sonntag, der 12. November 1989. Im Bahnhof Büchen hat Walter Timmermann Bereitschaftsdienst als stellvertretender Dienststellenleiter. Sein Diensttelefon der Leitung zur DR klingelte. Zugmeldung? Nein: „Der mir über Jahre nur durchs Telefon bekannte Vorsteher vom Bahnhof Schwanheide teilt mir mit, dass die Reichsbahn in den nächsten zwei bis drei Stunden zwei vollbesetzte Reisezüge aus Richtung Hagenow in Büchen übergeben werde, mit tausenden von Reisenden. Die Bahnsteige auf den Zwischenbahnhöfen, besonders in Boizenburg, wimmelten von Menschen.

Was sollte das Dorf Büchen und noch am Sonntag mit derlei Menschenmassen anfangen? Und in Richtung Hamburg fuhren nur die kleinen zweiteiligen Triebwagen, für ca. 100 Personen gedacht.

Die Telefone zur Direktion in Hamburg glühten. In kürzester Zeit wurde folgendes mit der Betriebsleitung vereinbart:

1. DDR-Bürger können kostenlos die Züge bis und von Hamburg benutzen.
2. Die überfüllten Züge sollten nicht in Büchen enden, sondern nach kurzem Aufenthalt nach Hamburg-Bergedorf weiterfahren – vorausgesetzt, dass die streckenunkundigen Lokführer der DR dies tun. Lotsen standen so kurzfristig nicht zur Verfügung. Also musste entsprechend vorsichtig mit niedriger Geschwindigkeit gefahren werden.
3. In Bergedorf mussten die Züge abgestellt. die Loks umlaufen und für spätere Rückfahrt wieder bereitstellen. Die entsprechenden Fahrpläne ‚*werden noch aus dem Ärmel geschüttelt*'.
   Der normale Verkehr musste weiterlaufen."

Weiter schreibt Timmermann von seinen Erinnerungen im Sammelband Hagenower Kleinstadtgeschichten: „Es herrschte eine unbeschreibliche Aufbruchstimmung. Jeder versuchte an seinem Platz mögliche Hürden großzügig beiseite zu räumen ohne die Sicherheit aus den Augen zu lassen. Eine einmalige Solidarität entwickelte sich."

Wenn es in jüngster Zeit eine Sternstunde der volkseigenen Eisenbahn gegeben haben sollte, dann kam sie nun zum Vorschein.

1990 – 2021

Im Nu vereint und zunehmend schneller denn je. Aber auch entseelter?

Die DDR verabschiedet sich friedlich. Kein Jahr nach dem Fall der Mauer und Deutschland ist wieder vereint. Welche Auswirkungen zeitigten sich auf die Hauptstrecke Hamburg – Berlin? Eines vorweg: ohnegleichen steigt ihre Bedeutung im Reiseverkehr. Um sowohl die Fakten als auch die Hintergründe zu beleuchten (im hier möglichen Rahmen), fährt das letzte Kapitel dieses Themenheftes zweigleisig: Eine Chronik bis 2021, unter Zuhilfenahme von Angaben von Marcus Grahnert (www.fernbahn.de), konzentriert sich auf Betriebsbelange, Züge und deren Bespannungen. Mehr auf Fragen, wie Entscheidungen zustande kamen, erläutert Ingulf Leuschel (74) in einem Gespräch. Leuschel ist Eisenbahner von der Pike auf, dessen 50-jährige Karriere oder Koordinaten – 1966 in Hamburg als Assistenten-Anwärter, 2016 in Berlin als Koordinator der Konzernbevollmächtigten – eng mit unserem Thema verknüpft war und bleiben wird.

Kleine Fernverkehrs-Chronik 1990-2021

6.1.1990: Die Zahl der eilig zwischen den Fahrplantechnologen von DR und DB koordinierten und neu eingelegten deutsch-deutschen Reisezüge (24) übertraf die der „Interzonenzüge" von 1989 (16). Die Zugzahl der Transitzüge bleibt nahezu konstant.

18.1.1990: Erstes „Gipfeltreffen" in Berlin. Es nehmen teil: der Vorstandsvorsitzende der DB (Gohlke), der Generaldirektor der DR (Keddi), Ressortleiter beider Bahnen und Fachvertreter des Bundesministeriums für Verkehr.

7.3.1990: Besprechungen der DB-Hauptverwaltung mit den DR-Grenzdirektionen in Göttingen. Themen: Finanzmittel für „übergreifende Infrastrukturplanungen". Gemeinsames Marketing. Neu zu öffnende Grenzübergänge. Untersuchungen und Einzelvorhaben für Hauptstrecken. Hamburg – Berlin erhält oberste Kategorie: Vorgesehener Ausbaustandard: 200 km/h, zweigleisiger Ausbau mit 4,25 m Gleisabstand, Gleiswechselbetrieb, Elektrifizierung.

1.7.1990: Mit der Wirtschafts- und Währungsunion endet der Transitverkehr zwischen Hamburg und Berlin. Grenzbahnhöfe Schwanheide und Staaken werden durchfahren. Wieder Verkehrshalt: Wittenberge.

1.8.1990: Drei bis vier D-Zugpaare. Erste IC-Läufe Hamburg – Berlin, 3 Zugpaare. Besonderes Ereignis: Zweimonatiger Einsatz eines TEE-Triebzuges der DB (VT 11.5) aus den 1950-er Jahren, den die DR aus Italien angemietet hat. Verzicht der Lokwechsel in Büchen (DB-218 – DR-132).

Jan-Geert Lukner

Stativaufnahme im Grenzbahnhof Schwanheide vom 4. Januar 1990. D 1337 aus Hamburg rollt ein.

4. Januar 1990. Jan-Geert Lukner reiste mit einem Freund erstmals per Bahn von Hamburg rüber nach Mecklenburg: Kamera, Notizbuch und Neugier im Gepäck. Sie machen sich auf den Heimweg im P 7374 Hagenow-Land 17.48 – Schwanheide 18.35:

„Der P 7374 war sehr gut besetzt. In ihm ballte sich der Berufsverkehr ab Schwerin, die Rückkehr vieler Einkäufer und viele Wessis, für die dieser Zug die letzte Möglichkeit zur Rückreise nach Hamburg darstellte. Sie mussten alle mit uns zusammen die anderthalb Stunden Wartezeit in Schwanheide auf den Transitzug von Berlin in Kauf nehmen. Der Personenzug durchfuhr zunächst den Bahnhofsteil mit dem alten Bahnhofsgebäude auf der einen und dem großen Plattenbau der Grenzbehörden auf der anderen Seite. Er kam erst ca. 200 m weiter an einem einzelnen Seitenbahnsteig zum Stillstand. Von dort setzte sich ein langer Tross Menschen entlang der Straße und über die Schranke zum Grenzgebäude in Bewegung. Durch die vielen Scheinwerfer herrschte eine unwirkliche Stimmung.

Die Pass- und Zollkontrolle verlief wieder völlig unspektakulär und bald fanden wir uns in einem riesigen Wartesaal wieder, der sogar von der Mitropa durch einen besseren Kiosk bewirtschaftet wurde. Es gab ... na ja, natürlich Bockwurst mit Kartoffelsalat. Die Stimmung im Saal war allerdings unbeschreiblich. Wildfremde Leute tauschten ihre Erlebnisberichte nach den ersten Schritten im Osten aus. Das anfängliche Murren über die lange Wartezeit wich einer gewissen Ausgelassenheit. Plötzlich ertönte aus einer der holzverkleideten Telefonzellen eine laute aufgeregte Stimme, die in den Hörer brüllte: „Haaaalo! Ja, ich bin jetzt drüüüben! --- Wiiie? --- Ja, in Schwaaaaanheiiiide!" Wie der ganze Wartesaal dem weiteren Gespräch entnehmen konnte, war der Typ nur mal kurz aus Hamburg über die Grenze gefahren und wollte mit dem nächsten Zug zurück. Auch eine Art, sich über die Grenzöffnung zu freuen...

Eine halbe Stunde vor Abfahrt des letzten D-Zuges öffnete der internationale Fahrkartenschalter im Plattenbau. Am Schalter glaubten wir, uns zu verhören. Die Frau wollte doch glatt 10,20 DM pro Person für die sieben Kilometer bis Büchen sehen (wie wir später erfuhren, geht bei jeder internationalen Fahrkarte ein Festbetrag an die CIV. Dieser Festbetrag machte bei dieser kurzen Distanz den größten Anteil des Fahrpreises aus). Da wir arme Schüler waren, waren wir natürlich sehr über diesen Preis schockiert. Denn dieser Horrorpreis würde auch weitere DDR-Touren, die wir ja fest vorhatten, in Frage stellen. Die Fahrkartentante meinte daraufhin schnippisch, wir könnten bezahlen, wir könnten es aber auch bleiben lassen... D 338: Schwanheide ab 20.02 – Hamburg Hbf 20.53 Uhr."

Modellanlage „Schwanheide" in HO für Schulungszwecke der Grenzorgane – demoliert und demontiert vorgefunden am 16. Januar 1996.

Robin Garn

Axel Herud

132 230 gibt mit D 331 am Morgen des 30. März 1991 bei Pritzier das Bild eines klassischen Reichsbahn-Transitzuges der 1980er Jahre ab.

Hier kommt am 1. August 1990 der erste InterCity überhaupt zwischen Berlin und Hamburg – und man traut seinen Augen nicht. Die Deutsche Reichsbahn hat eine zehnteilige Einheit des ehemaligen Bundesbahn-TEE-Triebzuges der Baureihe VT 11.5 bzw. 601 bei der Firma F.E.R.V.E.T. in Italien ausgeliehen und setzt sie im Sommer 1990 als Intercity 130/139 *Max Liebermann* ein. Die Medien sind begeistert. Der Fahrkomfort ist gediegen. Den Rangierern und Wagenmeistern in Hagenow-Land ist nicht mehr zum Lachen zumute. Seit der Währungsunion bricht ihr Tätigkeitsbereich ein.

Robin Garn

Jan-Geert Lukner

Mit dem abendlichen Berliner (D 338) rollt 218 182 am 4. Mai 1990 durch die Vier- und Marschlande Hamburgs Innenstadt entgegen. Gewiss, Lok- und Zuggarnitur sind moderner. Aufgeständerte Kilometerschilder haben die alten Steine ersetzt und die Bäume sind in die Höhe geschossen. Ansonsten halten sich die Veränderungen der vergangenen 21 Jahre in Grenzen (siehe Bild auf Seite 64).

Unten: **Das Schild emailliert, der Windfang nachträglich mit Guckloch zu den Gleissträngen vorgebaut, ein Hemmschuh dient als Türstopper. Der Bahnhof Glöwen – abgetreten, rissig, aber noch zu retten – am 13. August 1990.**

Benno Wiesmüller

Rechte Seite oben: **Außerhalb der Gutsanlage von Düssin überquert ein Feldweg in die Wiesen die Hauptbahn zwischen Brahlstorf und Pritzier genau dort, wo sie eine Kurve macht. Hier wacht einsam die Postenwärterin in Habachtstellung bei Vorbeifahrt eines jeden Zuges. Schon in den 1970er Jahren so aus dem Transitzug gesehen, ist ein Besuch 1990 Pflicht; am 7. April nähert sich wummernd die Hagenower 120 299 mit einem Kesselwagenzug.**

Sammlung Robin Garn

Ehrenurkunde für den Bahnhof Hagenow-Land von 1977. Weil der Verkehrsminister und DR-Generaldirektor, der Chef der Politischen Verwaltung und der Industriegewerkschaft für Verkehrswesen unterschrieben hatten, stand 13 Jahre später die Würdigung versteckt hinter einem Vorhang wie ein peinliches Requisit.

Rechte Seite unten – **Ein Jahr zuvor undenkbar: Ohne Scheu bei der Kreuzung zweier Reisezüge zwischen Hamburg und Berlin zugegen zu sein. Pritzier am Morgen des 15. August 1990: 601 013/015, als IC 130 *Max Liebermann*, lässt D 331 mit 132 624 passieren.**

Robin Garn (2)

Bad Wilsnack (einer der wenigen Orte, der seinen Bahnhof gestalterisch nutzen und retten konnte) passierte am 13. August 1991 der D 436 aus Dresden nach Hamburg. Zuglok 132 233 wurde häufig umstationiert, kam am 17. Mai 1990 aus Saalfeld nach Wittenberge, um am 16. November 1991 nach Schwerin weitergereicht zu werden.

Benno Wiesmüller

Michael Krolop

Blickwinkel des Lokführers von D 332 (Berlin – Hamburg) am Morgen des 28. Juli 1990 um 8.35 Uhr bei der Durchfahrt in Nauen – und zwar zwischen 242 201 am P 11317 nach Albrechtshof und 112 812 vor P 11283 nach Wustermark.

Andreas Rossel

Beim Durchqueren der Ostprignitz erhascht man in Stüdenitz einen Blick auf die schlichte Schönheit einer neugotischen Dorfkirche (von 1856). Weithin sichtbar, dient sie seit vielen Jahren auch als Nistplatz von Störchen. Zuggeräusche werden den stolzen Zugvögeln vertraut sein. Vor TGag 47951 (1.800 t, Hamburg-Waltershof – Berlin-Ruhleben) dröhnt 132 632 am 28. August 1990 vorbei.

Konrad Koschinski

31.5.1992: Abschied der D-Züge. Einführung eines IC-Zweistundentaktes (acht Zugpaare). Erster Durchlauf über Dresden bis Prag. Wegfall des Bw Wittenberge für die Traktion Berlin – Hamburg. Es übernehmen die Baureihen 229 (remotorisierte und modernisierte 119) des Bw Berlin Pankow und 234 (für 140 km/h ertüchtigte 132) des Bw Berlin Hbf. Erste Abschnitte für mehr als 120 km/h befahrbar.

23.5.1993: Gleichbleibende Taktung Hamburg – Berlin. Aus einem IC nach Dresden einen EC nach Budapest entwickelt.

29.5.1994: Zwei EC (Hamburg – Prag), neuer Verkehrshalt für einige Züge: Hamburg-Bergedorf. Fahrzeit unter drei Stunden. Einsatzende der DR-Speisewagen (WRm). Fallweiser Einsatz der BR 240.

24.9.1994: Sperrung der Stadtbahn in Berlin. Hamburg-Züge enden/beginnen im Bahnhof Zoo. Traktion: 2 x 218. Verkehrshalt in Nauen zum Umsteigen in/aus Prager/Budapester EC.

28.5.1995: Direkter Weg (seit 1961) Nauen – Spandau über Falkensee. Spandau erhält Bahnhofs-Neubau am Rathaus. Zusatzhalte grundsätzlich in Ludwigslust und

Zwischen 26. September 1976 und 27. Mai 1995 nutzten die Berlin – Hamburger Reisezüge zwischen Berlin-Spandau und Wustermark Pbf ein Stück der ursprünglichen Lehrter Bahn. Mit D 331, dem ersten Zug des Tages aus Hamburg, unterquert 132 445 am 12. April 1991 eine Brücke bei Dallgow, deren Straße linkerhand ein russisches Militärareal tangiert. Die Lok war seit ihrer Neuanlieferung (12.11.76) in Wittenberge stationiert.

Benno Wiesmüller

Mit der Firma Krupp in Essen vereinbarte die DR für 1992/93 eine Modernisierung von 20 Triebfahrzeugen der BR 219. Kernpunkte waren ein neuer, leistungsstärkerer Motor und eine Heraufsetzung der Höchstgeschwindigkeit auf 140 km/h. Zunächst erfolgte ihr Einsatz im Fernverkehr, so auch nach Hamburg. 229 171 rollt im August 1993 aus Berlin kommend mit IC 632 (nach Westerland) in Hamburg Hbf ein.

1990 – 2021

In Reinbek auf Hamburg zu, wird der IC 538 am 12. Mai 1994 von 229 144 gezogen. Mit einer Nennleistung von 3.754 PS ist die BR 229 eine der stärksten dieselhydraulischen Loks auf deutschen Schienen. Für die Energieversorgung (inklusive Indusi und Zugbahnfunk) wurden zwei Generatoren mit insgesamt 800 kVA Leistung installiert. Sie versorgen einen 14-Wagen-Zug samt „BordRestaurant".

Jan-Geert Lukner

Liebevolles Detail an der Schranke in Dergenthin (22.9.96). Als Haltepunkt hatte die Station schon Ende Mai 1994 ausgedient.

Robin Garn

Wittenberge. Vermehrte Ausbauarbeiten unterwegs. Fahrzeiten strecken sich vorübergehend um ca. 40 Minuten.

29.9.1996: Jubiläumsgeschenk der DB zum 150. der Berlin-Hamburger Eisenbahn. Bauarbeiten (außerhalb Berlins) weitgehend abgeschlossen und elektrifiziert. Große Abschnitte mit 160 km/h befahrbar. Elektrisch Hamburg – Nauen. Plan-Tfz: 112[1] (ex DR) und 120, da fähig für IC-Wendezüge. Im Abschnitt Nauen – Berlin Zoo (4-Minuten-Wende, nicht unter Fahrdraht) – Berlin-Wannsee (unter Fahrdraht) helfen sechs für 160 km/h präparierte 218er-Paare aus. Die ehemaligen Tfz der BR 210 bespannen auch EC 182/183.

1.6.1997: Elektrifizierung komplett. Der ICE kommt. ICE 814/815 „Fliegender Hamburger" unterbietet mit zwei Stunden 14 Minuten (Ri. Hamburg) erstmalig das Tempo seiner Urahnen in den 1930er-Jahren. Fernzüge nahezu im Stundentakt. BR 103 bespannt IC 877/878. Ebenfalls neu: die BR 101 vor IC 803, 815, 812. EC weiterhin über Berlin-Lichtenberg (wg. andauernder Stadtbahnsperrung).

24.5.1998: Sanierte Stadtbahn Berlin wieder durchgehend befahrbar und elektrifiziert. Der Berliner Hauptbahnhof erhält wieder seinen vorherigen Namen: Berlin Ostbahnhof. Erster Einsatz des ICE 2 (BR 402).

28.5.2000: Hamburg – Berlin – München zur ICE-Linie erhoben; Einsatz des ICE 3 (BR 403).

30.9.2001: Neigetechnik ICEs (BR 411) im Zweistundentakt Hamburg – Berlin (– München). Fahrzeit ICE-T 1615 Hamburg Hbf – Berlin Zoo: zwei Stunden 7 Minuten.

2002: Zunehmende Umleitungen des Fernverkehrs über Uelzen – Stendal wegen der zweiten Ausbaustufe Hamburg – Berlin.

13.12.2002: Letzter Einsatztag der BR 103 vor IR 2731 *Albatros* Flensburg – Berlin Ostbahnhof (nur freitags).

15.12.2003: Streichung (fast) aller Zugnamen. Zunehmende Verlängerung einiger Züge nach Kiel (unter Umfahrung Hamburg-Altonas).

Jan-Geert Lukner

Hamburg-Rothenburgsort, den 4. September 1996: Die Elektrifizierung von Berlin ist fast fertiggestellt, wenn auch in diesem Bereich für 2,2 Kilometer eingleisig. Gut zu erkennen: Noch müssen Fernzüge (wie der IC 534 aus Berlin) auf die S-Bahngleise schwenken.

Sammlung Robin Garn

Stand 10/1999 unterbietet der schnellste ICE (531 Hmb Hbf 6.30 – Bln Zoo 8.47) endlich die Fahrzeiten der *Fliegenden Züge* aus den 1930er Jahren.

Vom einmaligen Bahnbetriebswerk Hamburg-Altona, mit seinen ineinander verschränkten Drehscheiben und 57 Rundschuppengleisen, existierten am 15. August 1999 nur noch Rudimente. Hinter dem IC 915 nach Erfurt (über Berlin Stadtbahn), geführt von der ZDF-Werbelok 120 151, ragten noch die Oberlichtdächer der aufgegebenen Stück- und Expressguthallen empor.

Robin Garn

Rainer Schnell

Eine Verschlusszeit von 1/1250 Sekunde ist ratsam, wer einen ICE(-T) bei Tempo 230 zwischen Hamburg und Berlin fotografieren möchte. Auf seinem Weg nach München rast ICE 1611 am 26. Mai 2006 unter der „Löwenkopf"-Brücke hindurch. Sie nimmt die schmale Straße von Klein Warnow zur Ortslage Reckenzin auf. Das Bauwerk wurde für die Elektrifizierung angehoben und mustergültig restauriert.

Abteilwagen und eine echte Küche im Zugrestaurant machten die tschechischen, ungarischen und österreichischen Euro-City-Garnituren zu einem Geheimtipp für Reisende zwischen unseren Metropolen und darüber hinaus, ehe das Tageszeitungs-Feuilleton darauf ansprang. Hier verlässt der EC 177 Hamburg Hbf auf seinem Weg nach Prag (18. Mai 2019), geführt von der passend lackierten Vectron-Lok 193 297 „Seppl" der ČD.

Benno Wiesmüller

12.12.2004: Eröffnung des Hochgeschwindigkeitsverkehrs (230 km/h) Hamburg – Berlin. Hanseaten und Hauptstädter rücken zusammen. Die einen bezeichnen die anderen nun als Vorstädter.

Dazu rekapituliert Marcus Grahnert auf seiner Webseite fernbahn.de: „Werbewirksam wurden seinerzeit die neuen Reisezeiten von 93 Minuten (zwei Zugpaare schafften die Fahrt gar in genau 90 Minuten) angepriesen. Die Premierenfahrt für geladene Gäste wurde aus den gekuppelten und getauften Neigetechnik-Triebzügen mit den Namen *Berlin* und *Freie und Hansestadt Hamburg* gebildet. Eine kleine Kuriosität am Rande: Um eine störungsfreie Fahrt zu gewährleisten, wurden seinerzeit trotz genereller Zuverlässigkeit zwei Triebzüge mit möglichst wenig vorangegangenen Störungen ausgewählt. Der ursprünglich als *Berlin* getaufte Zug (die Einheit 1111) gehörte nicht zu dieser Kategorie. Daher wurde der über ein Jahr zuvor als *Wismar* getaufte Zug (das ist die Einheit 1108) kurzerhand in *Berlin* umgeklebt, um mit den beiden passenden Städtenamen die erste Fahrt durchführen zu können. Diese startete allerdings erst am späteren Vormittag.

Die ersten Fahrgäste, welche 230 km/h erleben konnten, saßen im morgendlichen ICE 730 (gebildet aus einem ICE 2) aus Berlin. Dieser benötigte 109 Minuten nach Hamburg Hbf, da planmäßige Zwischenhalte in Berlin-Spandau, Wittenberge und Ludwigslust vorgesehen waren. Erster 93 Minuten-Zug war der ab Hamburg-Altona eingesetzte ICE 1717 (Hamburg Hbf ab 8:40 Uhr, Berlin Zoo an 10:13 Uhr). Auch der folgende ICE 1519 fuhr noch vor dem Premierenzug in Hamburg ab, blieb jedoch wegen eines technischen Defektes auf der Strecke liegen und wurde vom Premierenzug überholt. Dieser erreichte nach außergewöhnlich schneller Fahrt und selbstverständlich grüner Welle nach einer Stunde und 28 Minuten den Bahnhof Zoologischer Garten in Berlin. Hanseaten und Hauptstädter rücken zusammen.

Die einen bezeichnen die anderen nun als Vorstädter. Auf einer Fahrt von Hamburg nach Berlin verbraucht ein ICE-T Triebzug übrigens rund 4.000 Kilowattstunden Strom – das ist in etwa der Jahresverbrauch eines Drei-Personen-Haushaltes.

Die Ausbaustrecke Hamburg-Berlin nimmt seit diesem Jahr bundesweit eine Sonderstellung ein. Da es sich um keinen kompletten Neubau handelt, befahren nicht haltende Züge weiterhin direkt an Bahnsteigen gelegene Gleise. Ohne außergewöhnliche Sicherungsmaßnahmen war dies bisher nur für Geschwindigkeiten bis 200 km/h zulässig. Um dort wartende Fahrgäste nicht zu gefährden, findet vor jeder Zugfahrt eine akustische Warnung statt und es wurden an sämtlichen relevanten Bahnsteigen mechanische Sperren errichtet."

Konrad Koschinski

Berlin, 12. August 1994: Ein 218er Pärchen (geführt von 218 432) hat im Berliner Hauptbahnhof (vordem Ostbahnhof, vordem Schlesischer Bahnhof) den EC 176 *Carl Maria von Weber* aus Prag übernommen, zur Weiterfahrt nach Hamburg-Altona. Durch Moabit an der Lüneburger Straße windet sich der Zug im Abendlicht. Ein Abschiedsbild von der Berliner Stadtbahn, sechs Wochen, bevor sie für Jahre gesperrt, saniert, elektrifiziert und mit festen Fahrbahnen versehen wird.

1.3.2005: Spätverbindung Berlin – Hamburg (ab 23 Uhr), für die Hamburger, die in Berlin noch Abendvorstellungen besuchen. Offenbar ein Versprechen, dass der damalige Hamburger Bürgermeister Ole von Beust dem Bahnchef Hartmut Mehdorn abgerungen hatte.

11.12.2005: Montags bis freitags laufen 17 Fernzüge Hamburg – Berlin: acht ICE, drei IC und sechs EC. Drei der EC bestehen aus tschechischen und ungarischen Garnituren.

28.5.2006: Eröffnung des neuen Berliner Hauptbahnhofs (pünktlich zur Fußball-WM in Deutschland). Hamburg – Berlin im Stundentakt. Es verblieben die EC-Paare nach Wien, Budapest und zwei nach Prag sowie zwei IC nach Dresden.

9.12.2007: Dieselgetriebene Neigetechnik-ICE (BR 605) verkehren auf Geheiß der DSB als EC zwischen Berlin – Hamburg und Dänemark (Fredericia/Arhus/Kopenhagen); sowohl technisch problematisch als auch unter Fahrdraht fragwürdig. Seit Herbst 2008 zunehmend lokbespannte Ersatzzüge.

1.3.2009: Start umfangreicher Oberbaumaßnahmen. Austausch minderwertiger Betonschwellen, die 1992-96 verwendet wurden. Eingleisiger Betrieb Wittenberge-Nauen (V_{max} 120 km/h) und Umleitungen über Stendal. Fahrzeitverlängerung um rund 30 Minuten.

14.6.2009: Bauarbeiten abgeschlossen. Züge etwa 5-8 Minuten langsamer als zuvor. BR 193 der ČD ersetzt BR 101 der DB vor EC-Zügen.

13.6.2010: Letzte Fahrplanperiode für die BR 120 (IC 1877 Hamburg-Altona – Berlin Ostbahnhof).

12.12.2010: Fahrzeiten Hamburg Hbf – Berlin Hbf: ICE eine Stunde 33 Minuten bis eine Stunde 40 Minuten, EC 2'03"-2'04" Minuten.

15.6.2019: letzte Einsatzperiode einer (siebenteiligen) Garnitur des Metropolitan Express Zuges, Tfz 101, nur sonnabends bis Fahrplanwechsel 14.12.19.

15.12.2020: Fahrzeiten Hamburg Hbf – Berlin Hbf: ICE eine Stunde 43 Minuten bis eine Stunde 58 Minuten, EC 2'05"– 2'12" Minuten. Halbstundentakt zwischen 6 und 20 Uhr. Tägliche Direktverbindungen auf 60 Züge erhöht.

IC 2070 (Berlin Südkreuz nach Hamburg-Altona) mit einem Wagenpark der ČD überquert am Morgen des 23. Juli 2020 mit 101 139 den Elbe-Seitenkanal vor Büchen.

Frank Heukelbach

„Jawoll, dann machen wir 90 Minuten!"

Interview mit Ingulf Leuschel (71), Eisenbahner von 1966 bis 2016, vom Bundesbahn-Assistenten-Anwärter zum Koordinator der Konzernbevollmächtigten

Sammlung Ingulf Leuschel

Adrett vom Scheitel (keine Pilzkopffrisur) bis zur Sohle, stellt Ingulf Leuschel in seiner Ausbildung zum Bundesbahn-Assistenten im Jahr 1966 die Fahrstraße auf dem Stellwerk *Btb* am Berliner Tor in Hamburg. Die Anlage war 1934 von Scheidt & Bachmann ausgerüstet.

Herr Leuschel, in Hamburg nahm Ihre über 50-jährige Karriere bei der bundesdeutschen Staatsbahn ihren Anfang. Welche Beziehungen haben Sie zur Bahn nach Berlin ausgebaut?

Als kleiner Junge habe ich in Hamburger Bahnhöfen immer die großen Dampflokomotiven bewundert, die vor den Zügen aus oder nach Berlin fuhren. Berlin, bekam ich mit, sei irgendwie immer die deutsche Hauptstadt gewesen. Als 15-, 16-Jähriger war ich einige Male auf dem Stellwerk Btb am Berliner Tor und habe unzählige Male das Signal in Richtung Osten beim Fahrdienstleiter, Peter Bandmann hieß er, stellen dürfen, für die nach Berlin herandampfende 01 oder 03. Und wehe das Vorsignal war nicht auf Fahrt, und der Lokführer hatte Last und musste aus dem Hauptbahnhof Richtung Berliner Tor beiziehen, dann hat er die Lokpfeife ertönen lassen, das konntest du über Meilen bis nach Harburg hören.

Hinter Berliner Tor schwenkte der Interzonenzug auf das S-Bahngleis ein und wenn ein ET 170 noch nicht Rothenburgsort verlassen hatte, seinem nächsten Halt, musste der Berliner in die Eisen gehen.

Im November 1970 hatte ich mich beworben, für ein Jahr nach Berlin zur Verwaltungsstelle des ehemaligen Reichsbahnvermögens abgeordnet zu werden. Dort war ich beschäftigt in der Werbe- und Auskunftsstelle der Deutschen Bundesbahn, die an der Hardenbergstraße in unmittelbarer Nähe zum Bahnhof Zoologischer Garten zusammen mit dem Verkehrsamt in einem Pavillon untergebracht war.

Aus Statusgründen ignorierte die Reichsbahn dieses Bundesbahn-Büro, in dem im Hinterzimmer die Verkaufsstelle, intern als Schalter 51 der Fahrkartenausgabe Hamburg Hauptbahnhof, fungierte. DB und DR durften gemäß des alliierten Rechts offiziell keine Rückfahrkarten zwischen West und Ost verkaufen. Dieses konnte man umgehen durch den Verkauf von Fahrkarten entweder beim Reisebüro der DDR bzw. im Westen beim Reisebüro DER, einer Tochter der Bundesbahn. Nach dem Transitabkommen 1972 normalisierte sich dies auch am Schalter. Also, mich hat Berlin immer interessiert.

Machen wir einen Sprung über die politische Wende 1989/90. Welchen Stellenwert bekam die Eisenbahnstrecke Berlin – Hamburg im vereinigten Deutschland?

Erste Überlegungen zu den Verkehrsprojekten Deutsche Einheit zwischen den Bahnspitzen DB/DR und dem Bonner Verkehrsministerium zielten darauf ab, die Verbindung zwischen den beiden größten deutschen Städten als Hochgeschwindigkeitsstrecke für 200 bis 300 km/h zu realisieren – so, wie es mit der VDE 4 (Hannover – Berlin) und VDE 8 (Nürnberg – Berlin) geschehen ist. Also im Prinzip eine komplett neue Strecke, zwischen Spandau und Hamburg mit dem Lineal gezogen. Fahrzeit 60 Minuten.

Wir hatten 1989/90 in der BD Hamburg einen langjährigen Präsidenten, Herbert Heise. Er unternahm nichts, die Strecke Hamburg – Berlin im Fokus zu halten, weil die Idee der Magnetschienenbahn alsbald die Diskussion beherrschte. Man machte den Rückzieher auf der Hamburg-Schiene wegen des Transrapids. Der damalige Kanzler Kohl war ein wesentlicher Treiber dieser Idee. Der damalige Hamburger Bürgermeister Henning Voscherau aber war es, der darauf bestand: Aber erst ertüchtigt ihr die Eisenbahnstrecke durchgehend für 160 km/h, bevor wir nach dem Wolkenkuckucksheim greifen.

Voscherau ist zu einer Ministerpräsidentenkonferenz mit dem Zug nach Berlin gefahren und hat Heise gefragt, ob er ihn begleiten möge. Heise sagte zu und stieg aber in Büchen aus, mit der Begründung, dass hier sein Amtsbezirk ende. Andere Direktionspräsidenten, Macher-Typen wie Horst Weigelt von Nürnberg, wären bis Moskau mitgefahren.

Vscherau hat also ohne Heise durchgesetzt, dass der Ausbau Berlin – Hamburg als Verkehrsprojekt Deutsche Einheit Nummer 2 wenigstens in abgespeckter Form auf bestehender Linienführung gesetzt wurde. Wir haben in der Phase 1992 bis 1996 zwischen Hamburg und Berlin alle Bahnsteige neu gebaut: ein Drittel

Der 240/241 *Wawel* war ein spezieller Zug. Nicht nur, weil er als IC gelistet wurde, obwohl er Hamburg-Altona mit Kraków Główny verbunden hat und dadurch europäischen Status erlangt haben müsste. Außergewöhnlich gestaltete sich auch sein Laufweg, nämlich über den Grenzbahnhof Forst (Niederlausitz) und zwischen Berlin und Hamburg über Stendal – Uelzen. Auch nach Öffnung des neuen Berliner Hauptbahnhofes beehrte er zudem die Berliner Stadtbahn. Er war mit 5-6 Wagen recht kurz, gleichwohl lief über einige Fahrplanperioden ein ehemaliger 1. Klasse-Speisewagen der DB (aus der späten TEE-Epoche) mit. So besonders dieser Zug, es gibt ihn nicht mehr, so extraordinär dieses Berliner Stadtbahn-Motiv westlich des S-Bahnhofes Bellevue – eingefangen am 12. Juni 2006 mit der Münchner 120 128 aus der Wohnung vom Stammkneipenwirt des Fotografen.

Konrad Koschinski

auf 76, ein Drittel auf 55 und ein Drittel auf 38 Zentimeter Höhe. So ein Schwachsinn! Die sehr niedrigen Bahnsteighöhen kamen in kleineren Bahnhöfen und Haltepunkten wie Strohkirchen zur Geltung, weil man dachte, ach, hier wohnt sowieso keiner, das ist nicht von Dauer.

Jedenfalls ist die Strecke hergerichtet worden. Die Dieseltraktion der IC's übernahmen auf 160 km/h getrimmt 218-Paare. Wir fuhren Hamburg – Berlin in zweieinhalb Stunden.

Wann fiel der Transrapid vom Tisch?

Hartmut Mehdorn, Kanzler Schröders Bahnchef erster Wahl, war sehr kritisch, diese Technologie zwischen Hamburg und Berlin einzusetzen – mit dem Hochgeschwindigkeitsbahnhof Holthusen bei Schwerin und Parchim (Flughafen). Er misstraute auch den Zahlen und Prognosen der Magnetschienenbahnlobby. Nicht nur er. Das ganze System war seinerzeit, Ende der 1990er-Jahre, weder darstellbar noch finanzierbar.

Also zurück zur klassischen Schiene. Elektrifizierung ja, aber nur Tempo 200. Aber welche Züge nehmen wir, fragte ich in die Runde. Der Einser-ICE war ausgebucht und die 54 ICE 3-Züge schieden ebenfalls

Der Metropolitan Express Train verkehrte von August 1999 bis Dezember 2004 auf der Strecke Köln–Hamburg als Angebot im qualitativ hochwertigen Direktverkehr primär für Geschäftsreisende. Er wurde nicht angenommen und daher anderweitig im Fernverkehr verwendet. Von Dezember 2009 bis Juni 2011 verkehrte er ausschließlich zwischen Hamburg und Berlin als elfteilige Zugeinheit zwischen zwei speziellen Loks der BR 101 mit Tempo 220. Dadurch wurde eine ICE-1-Einheit frei. Im Bild verlässt der MET als ICE 1105, geführt von 101 130, den Hamburger Hbf am 22. September 2010.

Benno Wiesmüller (2)

Im Farbkleid der Dänischen Staatsbahn steht der vierteilige dieselelektrische Neigetechnik-Triebzug 605 106 als ICE 38 von Oesterport in Kopenhagen über die Vogelfluglinie kommend im Hamburger Hbf – die Fahrtrichtung wechselnd – zur Weiterfahrt nach Berlin Ostbahnhof (2. Februar 2015).

Frank Heukelbach

Ein gutes Zeichen: Im Güterfernverkehr erfährt die Bahn Hamburg – Berlin eine Renaissance. Begegnung zweier Güterzüge bei Müssen am späten Nachmittag des 16. April 2019. Ein Containerzug aus dem Hamburger Hafen rollt ostwärts, während sich ein 152er-Pärchen mit Zug 60624 aus Ziltendorf Werkbahnhof (vom Hüttenwerk Eisenhüttenstadt) dem Hansaport nähert.

Sammlung Peter Bley

Peter Bley

Der Niedergang und Verfall der meisten noch aus der Anfangszeit von 1846 stammenden Bahnhöfe ist eklatant. Nachdem sich die Bahn ihrer entledigte, wissen viele Kommunen nichts mit den Bauten anzufangen. Zernitz ist so ein Beispiel. Wir haben ihn schon auf Seite 71 kennengelernt. Anbei noch eine Ansichtskarte (!) von 1969 und sein abgehängter Zustand am 6. Mai 2020. Ein ODEG-Zug fährt vorbei, die Gleise trennen Bahnhof und Ort.

aus; sie reichten schon kaum für Niederlande –Köln–Frankfurt–Karlsruhe/Stuttgart. Mit dem ICE-T können wir operieren. Der Neigetechnikzug (BR 411) hat eine Vmax von 230 km/h. Wackeln darf er nur bis 160 km/h.

So kam es zu der Ansage von Bahnchef Hartmut Mehdorn: Dann prüfen wir, ob wir Hamburg – Berlin statt 200 auch mit Tempo 230 fahren können. Das ging positiv aus, denn das Eisenbahnbundesamt machte mit.

Der Bund, damals war Matthias Wissmann Verkehrsminister, stellte der Bahn für den Ausbau eine knappe Milliarde DM zur Verfügung. Das war etwas knapp. Bereits als erste Maßnahme nach der Wende und spätestens zur Elektrifizierung mussten zum Beispiel im Hamburger Netz die Fernzüge von den S-Bahngleisen runter, die man sich noch abschnittsweise (Tiefstack – Berliner Tor) teilte. Wir haben einige Radien gedehnt und Bögen erhöht, wie in Boizenburg oder Hagenow-Land, anderes jedoch aus Kostengründen nicht fertigbekommen und heute noch Geschwindigkeitseinbrüche, wie auf der Havelkanalbrücke bei Brieselang, die Kurve westlich von Zernitz oder durch den Bahnhof Bergedorf, wo wir die S-Bahngleise nicht um einen Meter verrücken konnten und die Eingleisigkeit zwischen Hamburg-Rothenburgsort und Berliner Tor, der letzte Abschnitt dieser Art zwischen Berlin und Hamburg.

Bahnchef Mehdorn hat doch 2004 für die Eröffnung des ICE-Zeitalters die sensationellen 90 Minuten Fahrzeit gewittert, oder hatten Sie ihn darauf gebracht?

Überschlägig wurde in den 1990er-Jahren dafür 90 Minuten plus X kalkuliert. „Jawoll, dann machen wir

Nichts mehr mit Gedächtniskirche sehen. Tief unten im Keller des Berliner Hauptbahnhofes kommt oder fährt seit Ende Mai 2006, wer schnellstmöglich mit Hamburg zu tun hat. Für Blicke wie diesen reicht wohl auch für den Führer eines ICE 4 das Guckloch nach vorne. Einrollende Einheit 5067 als ICE 504 auf ihrem Weg von München nach Hamburg-Altona am 28. Februar 2021.

Konrad Koschinski

90 Minuten!“: Mehdorn hat den Korb immer relativ hoch gehängt.

Wir standen unter enormem Zeit- und Kostendruck und waren Tag wie Nacht oft auf den Baustellen. Die Erwähnung von Siegfried Knüpfer, ehemaliger Präsident der Rbd Erfurt, als Projektleiter DB Verkehrsbau und Olaf Drescher als Projektleiter des Ausbaus Berlin – Hamburg sind mir an dieser Stelle wichtig.

Bei einer Besprechung in Hamburg sagte der Vertreter von DB Netz, wir bekommen das hin mit den 90 Minuten, da der ICE 3 so gut beschleunige. Ich fiel aus allen Wolken. Wieso ICE 3, von dem war nie die Rede? Da fährt der ICE-T! Der ist schwach auf der Brust. *[Anfahrzugkraft ICE 3: 300 kN, ICE-T: 200 kN]* Mit Hängen und Würgen, ohne Halt und wenn alles gut geht, schaffen wir 93 Minuten, teilte ich Herrn Mehdorn mit. Er erwiderte: „Aber für zwei Züge wenigstens müssen wir die 90 Minuten schaffen. Sehen Sie zu, wie Sie das hinbekommen.“

Mittlerweile hat sich diese Minutenhatz etwas entspannt.

Wir sind jetzt bei 103 Minuten. Manchmal etwas mehr. Das hängt auch mit der Belegung der Strecke mit Regio- und Güterzügen zusammen. Ein Fahrplan ist immer ein Kompromiss aller Interessen.

Wie sehen Sie die nahe Zukunft unserer Strecke?

Positiv. Wenn Corona vorbei ist, werden wir ja wieder Fahrgäste in den Zügen haben. Dazu den Halbstundentakt im Fernverkehr, der nach meiner Meinung überstürzt eingeführt wird. Als eine Vorstufe haben wir eine stabile Taktung der ICE mit den Überholungen der RE 1 eingerichtet: die schnellen Regionalzüge zwischen Hamburg und Rostock werden in beide Richtungen gleichzeitig in Büchen überholt, ebenso die ODEG-Züge Cottbus – Wismar (RE 2) in beide Richtungen zusammen in Nauen.

Der ICE fährt durch Büchen und Nauen jeweils ziemlich genau zur vollen Stunde, in Wittenberge zur Minute 30. Anschließend erhält eine neue Generation der EuroCitys Einzug. Sie ist lok- wie wagentechnisch für 230 km/h zugelassen: es ist angedacht, hier Railjets der ČD einzusetzen. Einer davon fährt schon als „Vindobona“ zwischen Graz – Prag und Berlin, mit Halt in Ostkreuz. Die Zusammenarbeit mit der ČD ist in meinen Augen seit einigen Jahrzehnten mehr als konstruktiv.

Jetzt werden wir noch in diesem Jahr eine große Sperrung zwischen Hamburg und Berlin für mehrere Monate kriegen. Dann fährt alles über Stendal, also etwa eine Stunde länger.

Wann rechnet man mit der Wiedereröffnung?

Mit dem Fahrplanwechsel zum 12. Dezember.

Das wäre eine Punktlandung zum 175-jährigen Streckenjubiläum.

Der Fahrplan soll so dick werden wie nie zuvor.

Vielen Dank für das Gespräch!

Rechts: **Aus Anlass der Rekordfahrt von 05 002 mit 200 km/h ist dieses Foto auf den Tag genau 85 Jahre später (am 11. Mai 2021) entstanden. Um diese Antriebsenergie aufzurufen, was damals vor vier Wagen mit ungeheuren Mühen und nur für wenige Augenblicke gelang, bedarf es heute bei 12 Wagen selbst auf Dauer nur zwei Finger. ICE der ersten und jüngsten Bauart begegnen sich zwischen Büchen und Schwanheide bei Streckenkilometer 237, damit nur einen Wimpernschlag entfernt von der Nahtstelle, die West und Ost einst trennte.**

Robin Garn

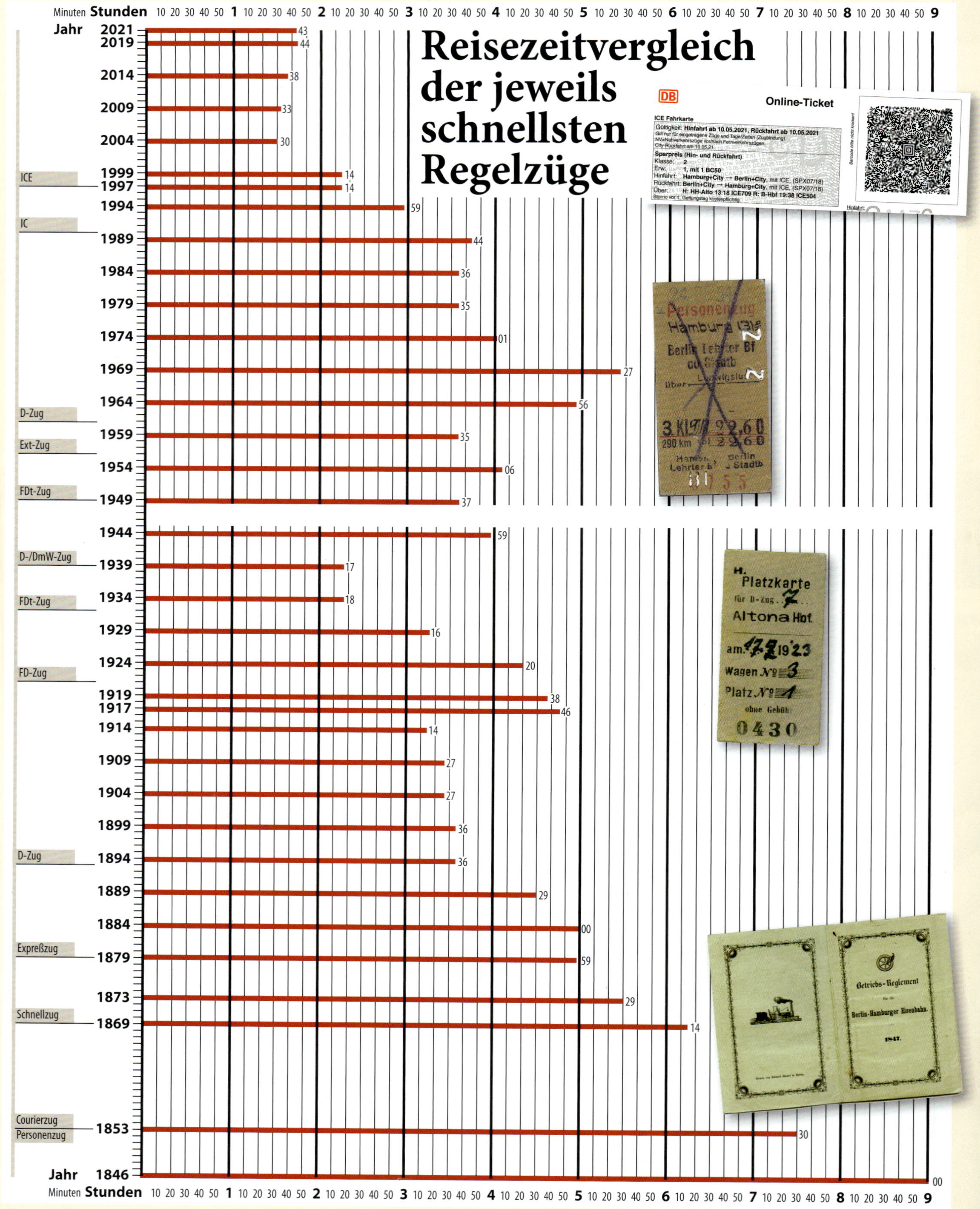
Reisezeitvergleich der jeweils schnellsten Regelzüge
Minuten Stunden 10 20 30 40 50 1 10 20 30 40 50 2 10 20 30 40 50 3 10 20 30 40 50 4 10 20 30 40 50 5 10 20 30 40 50 6 10 20 30 40 50 7 10 20 30 40 50 8 10 20 30 40 50 9
Jahr
2021 43
2019 44
2014 38
2009 33
2004 30
ICE
1999 14
1997 14
1994 59
IC
1989 44
1984 36
1979 35
1974 01
1969 27
1964 56
D-Zug
1959 35
Ext-Zug
1954 06
FDt-Zug
1949 37
1944 59
D-/DmW-Zug
1939 17
FDt-Zug
1934 18
1929 16
1924 20
FD-Zug
1919 38
1917 46
1914 14
1909 27
1904 27
1899 36
D-Zug
1894 36
1889 29
1884 00
Expreßzug
1879 59
1873 29
Schnellzug
1869 14
Courierzug
Personenzug
1853 30
Jahr 1846 00
Online-Ticket
ICE Fahrkarte
Personenzug
Hamburg
Berlin Lehrter Bf
290 km
Platzkarte
für D-Zug
Altona Hbf
am.
Wagen №3
Platz №1
ohne Gebühr
0430
Betriebs-Reglement
Berlin-Hamburger Eisenbahn.
1847.

Ulrich Fuhrmeister/Sammlung FDE

Der Hamburger Hbf im Zeitsprung von der Altmanbrücke aus gesehen. Ein alltägliches Spektakel wie das obige zog eine Menge derer an, die Zeit hatten und um eine Bahnsteigkarte zu lösen kein Geld. Deutschland verzeichnete sechs Millionen Arbeitslose. Wir schreiben den 12. August 1932. Kaum zu glauben, dass sowohl die mächtige Einheitslok als auch die schmächtige LBE-Lok mit ihrem Charakter einer abgewandelten Länderbahn-$S10^2$ zum Zeitpunkt der Aufnahme nur ein Jahr alt sind: 01 098 des Bw Lehrter Bahnhof, Krupp 1931, vor D 3 nach Berlin und LBE 24 (später 17 311) von Henschel 1931 mit D 7 nach Lübeck (– Warnemünde – Kopenhagen/Oslo/Stockholm).

Gilt ein ICE 1 mit seiner über 30-jährigen Betriebsgeschichte schon als alt? Auch nicht, wenn man bedenkt, dass er mehr als 15 Millionen Kilometer auf dem Tacho hat? Das trifft auf 401 508 zu, hier am 21. April 2021 als ICE 1505 nach Berlin-Südkreuz ausfahrend; daneben die RE 1 nach Rostock, geschoben von der BR 182 („Taurus").

Robin Garn

Quellenverzeichnis

Michael Bermeitinger: Mythos „Fliegende Züge". In BahnEpoche 06, VGB, 2013.

Peter Bley: 150 Jahre Eisenbahn Berlin – Hamburg. Auf der Strecke des technischen Fortschritts. Alba, Düsseldorf 1996.

Bundesministerium für gesamtdeutsche Fragen (Hrsg.): SBZ von A bis Z. Bonn 1965.

Wolfgang Dath: Die „Fliegenden Züge" der (D)DR. In BahnEpoche 14, VGB 2015.

Helmut Bombe und Hellmuth Hinze: Aufzeichnungen und Unterlagen über Privatbahnen Alt-Preußens, Sammlung FDE, Hamburg.

Robin Garn: 150 Jahre Berlin-Hamburger Eisenbahn. Vom Blauen zum Grauen Band der Schiene. In Eisenbahn Journal 10/96, VGB, Fürstenfeldbruck.

Robin Garn: Sommer 1990. TEE-Triebwagen eröffnet InterCity-Verkehr Berlin – Hamburg. In BahnEpoche 15, VGB 2015.

Kuno Karls (Hrsg.): Erinnerungen an Kleinstadtsnack aus der Stadt Hagenow. Eichenverlag, Hagenow 2006.

Königlich Preussischer Minister für öffentliche Arbeiten (Hrsg.): Berlin und seine Eisenbahnen 1846 –1896 (2 Bände), Berlin 1896.

Karl-Heinz Kossack (Hrsg.): Schienenwege nach Berlin – Versäumnisse und Chancen. Joachim Seyferth Verlag, Wiesbaden 1989.

Ronald Krug: Die schnellsten Dampfzüge. EK, Freiburg 2014.

Detlef Radke: 150 Jahre Eisenbahnen in Mecklenburg. Radke-Verlag, Schwerin 1997.

Erich Staisch: 125 Jahre Eisenbahnverkehr Hamburg – Berlin. Ein Reisebericht. In Hamburger Blätter 12/71. FDE, Hamburg.

Horst Troche: Die Baureihe 03. Die leichte Einheits-Schnellzuglokomotive der DRG. EK, Freiburg 2006.

Hansjürgen Wenzel: Die preußische S10-Familie. Die Baureihen 17^0, 17^2 und 17^{10}. EK, Freiburg 2011.

N.N.: Die eisenbahngeschichtliche Entwicklung der Stadt Wittenberge bis 1900, und 1945-50 (Manuskripte von 1988).

DR/DB: Bespannungsübersichten, Betriebsbücher, Buchfahrpläne, Fahrplanauszüge, Kursbücher, Zugbildungspläne.

Webseiten: bahnstrecken.de (Axel Mauruszat), blockstelle.de (Jan-Geert Lukner), fernbahn.de (Marcus Grahnert & Marco Krings), wikipedia

Ihr Bestellschein für Fax 0761 / 70 310 - 50 oder Post

telefonisch unter: 0761/70 310-0 (rund um die Uhr) • e-mail an: service@eisenbahn-kurier.de

Bücher

Baureihen-Bibliothek (Q. = Quartal)

- ❑ 6040 Die Baureihen 01 – Band 1 ... 49,90
- ❑ 6041 **Die Baureihen 01 – Band 2** ... **NEU!** ... 49,90
- ❑ 6052 **Die Baureihen 18^{1}** ... **3. Q./21** ... 45,00
- ❑ 6051 **Legendäre 18 201** ... **4. Q./21** ... 45,00
- ❑ 6049 **Die Baureihe 50^{40}** ... **4. Q./21** ... 45,00
- ❑ 6046 Die Baureihen 56^{1} und 56^{20-29} ... 29,80
- ❑ 6036 **Die Baureihe 57^{10-35}** ... **3. Q./21** ... 45,00
- ❑ 6032 Die Baureihe 64 ... 49,90
- ❑ 6050 **Die Baureihe 92** ... **4. Q./21** ... 35,00
- ❑ 6017 Die Baureihe 94 ... 54,00
- ❑ 6053 **Gläserne Züge** ... **NEU!** ... 35,00
- ❑ 6039 **Die Mehrsystem-Elloks der Deutschen Bundesbahn** ... **4. Q./21** ... 49,90
- ❑ 6037 Die Vorkriegs-Elloks der Reichsbahn ... 45,00
- ❑ 6034 Die Baureihen E 11 und E 42 ... 49,90
- ❑ 6028 Die Baureihe 403 ... 45,00
- ❑ 6043 **Die Baureihe 614** ... **4. Q./21** ... 45,00
- ❑ 6021 Die Baureihe V 60 – Band 1 ... 49,90
- ❑ 6022 **Die Baureihe V 60 – Band 2** ... **2021** ... 49,90
- ❑ 6012 Die V 160-Familie – Band 1 ... 49,90
- ❑ 6013 Die V 160-Familie – Band 2 ... 49,90
- ❑ 6014 Die V 160-Familie – Band 3 ... 49,90
- ❑ 6038 Die V 300-Familie der DR – Band 1 ... 49,90
- ❑ 6047 **Die V 300-Familie der DR – Band 2** ... **NEU!** ... 49,90
- ❑ 6033 Die Baureihen VT 08 und VT 12^{5} ... 49,90

Moderne Baureihen (Q. = Quartal)

- ❑ 6055 **Vectron** ... **3. Q./21** ... 49,90
- ❑ 6035 TRAXX-Lokomotiven ... 49,90

Eisenbahn-Geschichte (Q. = Quartal)

- ❑ 6428 **Das Bw Falkenberg (Elster)** ... **7/21** ... 39,90
- ❑ 6427 Das Bw Wilsdruff ... 39,90
- ❑ 6418 Deutsche Reichsbahn und Landesverteidigung ... 49,90
- ❑ 6413 **Die Deutsche Reichsbahn im Bombenkrieg** ... **3. Q./21** ... 35,00
- ❑ 6412 Die DR-Schmalspurbahnen 1965 - 1990 ... 49,90
- ❑ 6417 Eisenbahnalbum Ruhrgebiet ... 39,90
- ❑ 6411 Eisenbahnchronik Bergisches Land – Band 1 ... 49,90
- ❑ 6422 Eisenbahnchronik Bergisches Land – Band 2 ... 49,90
- ❑ 6410 Eisenbahnchronik Eifel – Band 1 ... 39,90
- ❑ 6421 Eisenbahnchronik Eifel – Band 2 ... 39,90
- ❑ 6423 **Eisenbahnchronik Münsterland** **3. Q./21** ... 49,90
- ❑ 6429 **Eisenbahngeschichte Elsass-Lothringen** ... **4. Q./21** ... 45,00
- ❑ 6424 **Herkules, Goliath & Co.** ... **NEU!** ... 35,00
- ❑ 6425 Lokomotivführer Horst Bauer ... 35,00

Reisezugwagen der Deutschen Reichsbahn

- ❑ 6414 Band 1: 1921-1931 Regelspur ... 49,90
- ❑ 6415 Band 2: 1932-1937 Regelspur ... 49,90
- ❑ 6416 **Band 3: 1938-1950 Regelspur** **3. Q./21** ... 49,90
- ❑ 6426 **Traumberuf Dampflokheizer** ... **NEU!** ... 39,90

Eisenbahn-Bildarchiv (Q. = Quartal)

- ❑ 6606 Die Baureihe 601 ... 19,80
- ❑ 6608 Mosbach – Mudau ... 19,80
- ❑ 6605 Nagold – Altensteig ... 19,80
- ❑ 6607 Stillgelegt! Nebenbahnsterben ... 19,80
- ❑ 6601 Thüringer Eisenbahnimpressionen ... 19,80

Verkehrsknoten (Q. = Quartal)

- ❑ 6300 Verkehrsknoten Halle (S) ... 24,80
- ❑ 6219 Verkehrsknoten Krefeld ... 24,80
- ❑ 6302 Verkehrsknoten Ludwigshafen ... 24,80
- ❑ 6301 Verkehrsknoten Lübeck ... 24,80
- ❑ 6303 Verkehrsknoten Mannheim ... 24,80

Alte Meister der Eisenbahn-Photographie

- ❑ 6235 Uwe Friedrich ... 29,80
- ❑ 6228 Thomas Frister ... 29,80
- ❑ 6221 Walter Hollnagel ... 29,80
- ❑ 6227 Dr. Günther Scheingraber ... 29,80
- ❑ 6226 Peter Willen ... 29,80

Eisenbahn-Bildbände (Q. = Quartal)

- ❑ 6231 **Dampfbetrieb der DR** ... **NEU!** ... 45,00
- ❑ 6230 Dampfgeführte Reisezüge ... 39,90
- ❑ 6864 Die S-Bahn in Berlin ... 39,90
- ❑ 6211 Dieselloks u. Dieseltriebwagen ... 29,80
- ❑ 6206 Eine Eisenbahnreise durch Good old Germany ... 35,00
- ❑ 6234 Eisenbahnalbum Gera ... 35,00
- ❑ 6236 **Faszination Fliegende Züge** ... **3. Q./21** ... 35,00
- ❑ 6232 Gera einst und jetzt ... 35,00
- ❑ 6239 Hauptsache „Ludmilla"! ... 29,80
- ❑ 6224 Lokomotivbau Karl Marx in Babelsberg ... 35,00
- ❑ 6225 Schiene, Dampf und Kamera ... 39,90
- ❑ 6237 Wumme, Gagarin & Co. ... 39,90
- ❑ 6233 Züge im Morgenlicht ... 35,00

Stadtverkehr-Bildarchiv (Q. = Quartal)

- ❑ 6756 Damals auf Linie – Teil 3 ... 19,80

Straßen- und Stadtbahnen in Deutschland

- ❑ 6857 **Mecklenburg-Vorpommern** ... **3. Q./21** ... 35,00
- ❑ 6854 Sachsen – Band 1 ... 45,00
- ❑ 6855 Sachsen – Band 2 ... 49,90
- ❑ 6856 Sachsen-Anhalt ... 45,00

Nahverkehr (Q. = Quartal)

- ❑ 6863 Büssing-Busse bei Bahn u. Post ... 29,80
- ❑ 6861 Mit dem Postbus durch Deutschland ... 35,00
- ❑ 6862 Tram-Tour Rhein ... 39,90

Kursbuch der dt. Museums-Eisenbahnen (Q. = Quartal)

- ❑ 6841 **Kursbuch der deutschen Museums-Eisenbahnen 2021** ... **NEU!** ... 7,90

Zeitschriften

EK-Special (Q. = Quartal)

- ❑ 7036 143: **Die DB vor 25 Jahren 1996 – Ausgabe West** ... **11/21** ... 12,90
- ❑ 7035 142: **Unter Strom** ... **8/21** ... 12,90
- ❑ 7034 141: **Deutsche Kriegslokomotiven** **NEU!** 12,90
- ❑ 7033 140: Die DB-V 100 ... 12,90
- ❑ 7032 139: Die DB vor 25 Jahren 1995 – Ausgabe West ... 12,90
- ❑ 7031 138: Die SWDE ... 12,90
- ❑ 7030 137: ICE – Schnellverkehr in Deutschland ... 12,90
- ❑ 7029 136: Kohle und Erz ... 12,90
- ❑ 7028 135: Die DB vor 25 Jahren 1994 – Ausgabe West ... 12,90
- ❑ 7027 134: Köf III ... 12,90
- ❑ 7025 132: Baureihe 50 ... 12,90
- ❑ 7024 131: Die DB vor 25 Jahren – 1993 ... 12,50
- ❑ 7023 130: Bahnbetriebswerke ... 12,50
- ❑ 7021 128: Ludmilla ... 12,50

EK-Themen (Q. = Quartal)

- ❑ 1890 63: **Die DB vor 25 Jahren 1996 – Ausgabe Ost** ... **11/21** ... 12,90
- ❑ 1889 62: **Hamburg – Berlin** ... **NEU!** ... 12,90
- ❑ 1888 61: Die DB vor 25 Jahren 1995 – Ausgabe Ost ... 12,90
- ❑ 1887 60: MOLLI – Erfolg unter Dampf ... 14,80
- ❑ 1886 59: Die DB vor 25 Jahren 1994 – Ausgabe Ost ... 12,90
- ❑ 1885 58: Schweizer Krokodil ... 14,80
- ❑ 1884 57: Die DR vor 25 Jahren – 1993 ... 12,50

Modellbahn-Kurier (Q. = Quartal)

- ❑ 1756 54: **Digital 2021** ... **NEU!** ... 12,50
- ❑ 1755 53: Digital 2020 ... 12,50
- ❑ 1754 52: Digital 2019 ... 12,50
- ❑ 1753 51: Digital 2018 ... **5,00**

Modellbahn-Kurier Special (Q. = Quartal)

- ❑ 1757 55: **Miniatur Wunderland – 10** ... **8/21** ... 9,50
- ❑ 1951 38: **Faszination Spur 1 – 18** ... **10/21** ... 16,80
- ❑ 1950 37: **Faszination Spur 1 – 17** ... **7/21** ... 16,80
- ❑ 1949 36: **Faszination Spur 1 – 16** ... **NEU!** ... 16,80
- ❑ 1948 35: Faszination Spur 1 – 15 ... 16,80
- ❑ 1947 34: Faszination Spur 1 – 14 ... 16,80
- ❑ 1946 32: Faszination Spur 1 – 13 ... 16,80
- ❑ 1945 31: Faszination Spur 1 – 12 ... 16,80
- ❑ 1943 30: Faszination Spur 1 – 11 ... 16,80
- ❑ 1942 29: Faszination Spur 1 – 10 ... 16,80
- ❑ 1940 28: Faszination Spur 1 – 9 ... 16,80
- ❑ 1781 26: Faszination Spur 1 – 8 ... 16,80
- ❑ 1780 25: Faszination Spur 1 – 7 ... 16,80
- ❑ 80150 **Paket** Faszination Spur 1 – 7 + 8 ... **24,80**
- ❑ 1779 24: Faszination Spur 1 – 6 ... 16,80
- ❑ 1778 23: Faszination Spur 1 – 5 ... 16,80
- ❑ 80099 **Paket** Faszination Spur 1 – 5 + 6 ... **24,80**
- ❑ 1944 33: Modellbahnen der Welt: Nordamerika 9 ... 14,80
- ❑ 1941 27: Modellbahnen der Welt: Nordamerika – 8 ... 12,80
- ❑ 1782 22: Miniatur Wunderland – 9 ... 9,50

EK-Aspekte (Q. = Quartal)

- ❑ 1923 **44: DB-Loks und Triebwagen 2021** .. **8/21** ... 12,80
- ❑ 1922 43: DB-Loks und Triebwagen 2020 ... 12,80
- ❑ 1921 42: DB-Loks und Triebwagen 2019 ... 12,80
- ❑ 1920 41: DB-Loks und Triebwagen 2018 ... 10,80

Zeitschriftenboxen

- ❑ 1300 Acryl-Zeitschriftenbox passend für Eisenbahn-Kurier, EK-Special, EK-Themen, EK-Aspekte, Modellbahn-Kurier (12 Hefte) ... 14,80

Kalender

Eisenbahn-Kalender 2022 (Q. = Quartal)

- ❑ 5870 **Reichsbahn-Kalender 2022** ... **7/21** ***16,80
- ❑ 5873 **Alpenbahnen in Farbe – 2022** ... **7/21** ***16,80
- ❑ 5887 **Baureihe 218 – 2022** ... **7/21** .. **14,80
- ❑ 5871 **Dampflokomotiv-Kalender 2022** .. **7/21** ... *12,80
- ❑ 5872 **Deutschlandreise – 2022** ... **7/21** ... *12,80
- ❑ 5878 **Feldbahnen – 2022** ... **7/21** ***16,80
- ❑ 5874 **Glacier Express – 2022** ... **7/21** .. **14,80
- ❑ 5879 **Globetrotter-Kalender – 2022** ... **7/21** ***16,80
- ❑ 5883 **Historische Lastwagen – 2022** ... **7/21** ***16,80
- ❑ 5882 **Historische Omnibusse – 2022** ... **7/21** ***16,80
- ❑ 5888 **Ludmilla – 2022** ... **7/21** .. **14,80

Absender

Kunden-Nr. (falls vorhanden)

Vorname/Name

Straße/Nr.

PLZ/Ort

Telefonnr. (für evtl. Rückfragen)

E-Mail-Adresse (falls Sie unseren Newsletter erhalten wollen)

Der Mindestbestellwert beträgt € 10,– ab € 75,– versandkostenfrei im Inland.

Gewünschte Zahlungsweise bitte ankreuzen

- ❑ auf Rechnung zzgl. Versandkosten
- ❑ per SEPA-Lastschriftmandat

Die Lieferung **in Deutschland** erfolgt **versandkostenfrei.**

IBAN BIC

Gläubiger-Identifikationsnummer: DE03ZZZ00000199250

Hiermit ermächtige ich die EK-Verlag GmbH, Lörracher Str. 16, D-79115 Freiburg bis auf Widerruf, Zahlungen von meinem Konto mittels Lastschrift einzuziehen. Zugleich weise ich mein Kreditinstitut an, die von der EK-Verlag GmbH auf mein Konto gezogenen Lastschriften einzulösen. Hinweis: Ich kann innerhalb von acht Wochen, beginnend mit dem Belastungsdatum, die Erstattung des belasteten Betrages verlangen. Es gelten dabei die mit meinem Kreditinstitut vereinbarten Bedingungen.

Ort, Datum / Unterschrift

Alle Preise in €. Preisänderungen und Irrtum vorbehalten.

Ihr Bestellschein für Fax 0761 / 70 310 - 50 oder Post

telefonisch unter: 0761/70 310-0 (rund um die Uhr) • e-mail an: service@eisenbahn-kurier.de

❑ 5881 **Modellbahnen – 2022** 7/21 ..**14,80
❑ 5880 **Nordamerika – 2022** 7/21 ..**14,80
❑ 5875 **Stadtverkehr in aller Welt – 2022** 7/21 ***16,80
❑ 5884 **Traktoren – 2022** 7/21 ***16,80
❑ 5886 **Vectron – 2022** 7/21 ..**14,80
❑ 5876 **Molli – 2022** NEU! 12,80
❑ 5877 **Harzer Schmalspurbahnen – 2022** NEU! 12,80
❑ 5885 **Sauschwänzlebahn – 2022** NEU! 14,80

Vorbestellpreis bis 31.07.2021
nur *€ 9,80 | **€ 12,80 | ***€ 14,80

DVD

Baureihen (Q. = Quartal)

❑ 8600 Die Baureihe 01 19,80
❑ 8457 Baureihe 18^{3} 19,80
❑ 8458 Baureihe 41 19,80
❑ 8607 **Die Baureihe 50** NEU! 19,80
❑ 8442 Werbeloks 19,80
❑ 8609 **EuroDual** 3. Q./21 19,80
❑ 8601 **50 Jahre Intercity in Deutschland** NEU! 19,80
❑ 8483 Die elektrischen Nahverkehrstriebzüge der DB 19,80
❑ 8484 Akkublitz und Zigarre 19,80
❑ 8487 Die Holzroller 19,80
❑ 8491 Der ICE 4 19,80
❑ 8489 Die Baureihe 101 19,80
❑ 8440 Mythos Baureihe 103 19,80
❑ 8454 Class 66 / Class 77 19,80
❑ 8456 TRAXX-Lokomotiven 19,80
❑ 8455 Ludmilla-Diesellokomotiven 19,80
❑ 8485 Die Baureihe V 90 19,80
❑ 8443 Baureihe V 65 19,80
❑ 8498 Die Baureihen V 200^{0}/V 200^{1} 19,80
❑ 8612 **Dieseltriebwagen der Deutschen Reichsbahn** NEU! 19,80
❑ 8604 **Fliegende Züge** 3. Q./21 19,80
❑ 8441 Die Triebwagen der Baureihe VT 628 19,80
❑ 8493 **Kleinloks der DB** NEU! 19,80
❑ 8494 Kleinloks der DR 19,80
❑ 8459 Vectron-Lokomotiven 19,80

Berühmte Züge u. Lokomotiven (Q. = Quartal)

❑ 8602 **Die Baureihen E 18 und E 19** 3. Q./21 19,80
❑ 8608 **Die Schnellfahrlok 18 201** 3. Q./21 19,80
❑ 8460 Das Schweizer Krokodil 19,80
❑ 8461 Der Gläserne Zug 19,80

Bahnen und Strecken (Q. = Quartal)

❑ 8490 Mit der Bahn durchs Höllental 19,80
❑ 8481 Mit dem Molli an der Ostsee unterwegs 19,80
❑ 8464 Dresden und seine Eisenbahnen 19,80
❑ 8429 Neu- und Ausbaustrecke Leipzig/Halle – Erfurt – Nürnberg 19,80
❑ 8428 Wintermärchen Harzer Schmalspurbahnen 19,80
❑ 8479 Die Eisenbahn in Berlin und Brandenburg damals 19,80
❑ 8453 Die Eisenbahn in Hamburg mit Schleswig-Hostein damals 19,80

Die Eisenbahn in Hessen damals
❑ 8476 Teil 1: Zwischen Bergstraßeund Taunus 19,80
❑ 8477 Teil 2: Im Hessischen Bergland 19,80
❑ 80149 Teil 1 und 2 im Paket 29,80
❑ 8499 **Die Eisenbahn in Niedersachsen damals** 3. Q./21 19,80
❑ 8478 Die Eisenbahn in Rheinland-Pfalz damals 19,80
❑ 8452 Die Eisenbahn in Sachsen-Anhalt damals 19,80
❑ 8451 Die Eisenbahn in Thüringen damals 19,80

Bahngeschichte (Q. = Quartal)

❑ 8603 **Bahnhöfe von oben** 3. Q./21 19,80
❑ 8432 Die Bahnen der deutschen Seehäfen Teil 1 – Nordsee 19,80
❑ 8471 Die Bahnen der deutschen Seehäfen Teil 2 – Ostsee 19,80
❑ 8465 Berliner Schienenverkehr 19,80
❑ 8386 Bomben auf die Reichsbahn 19,80
❑ 8434 Dampfwolken über Berlin 19,80
❑ 8469 Das Dampflokwerk Meiningen 19,80
❑ 8406 Die DB in den 80er Jahren 19,80
❑ 8430 Die DB in den 90er Jahren 19,80
❑ 8431 Die DR in den 90er Jahren 19,80
❑ 8466 Eisenbahnen zur Jahrtausendwende 19,80
❑ 8468 „Eisenbahnen in Volkes Hand" 19,80
❑ 8382 Die Eisenbahn hinter dem Eisernen Vorhang 19,80
❑ 8606 **Die Geschichte der Deutschen Reichsbahn** NEU! 19,80
❑ 8492 **Die Geschichte des Drehstromantriebs** NEU! 19,80
❑ 8474 Grenzlast! 14,80
❑ 8496 Henschel 19,80
❑ 8467 Hinter den Kulissen Ellok-Werk Dessau 19,80
❑ 8475 Rampe zum Mond 14,80
❑ 8610 **Schienenkrane der Eisenbahnen** 4. Q./21 19,80
❑ 8433 Tagebau- und Zechenbahnen – Ost 19,80
❑ 8470 **Tagebau- und Zechenbahnen – West** 3. Q./21 19,80
❑ 8398 Unter Strom 19,80
❑ 8613 **VEB Schienenfahrzeuge** NEU! 19,80
❑ 8482 Der Wiederaufbau von 1945 bis 1949 19,80

Raritäten aus den Bahn-Archiven Q. = Quartal)

❑ 8436 Ausgabe 9 19,80

Stolz der DR (Q. = Quartal)

❑ 8463 Die Baureihe 35^{10} 14,80
❑ 8497 Die Baureihe 52^{80} 14,80
❑ 8462 Die Baureihen 112^{0} und 112^{1} 14,80
❑ 8446 Die Baureihe 250 14,80
❑ 8435 Die Baureihe V 100 14,80

Verkehrsknoten (Q. = Quartal)

❑ 8611 **Verkehrsknoten Rostock** NEU! 19,80
❑ 8438 Verkehrsknoten Bodensee 19,80
❑ 8488 Verkehrsknoten Gera 19,80
❑ 8437 Verkehrsknoten Halle (S) 19,80
❑ 8450 Verkehrsknoten Würzburg 19,80
❑ 8473 Verkehrsknoten Wuppertal 19,80

Nahverkehr (Q. = Quartal)

❑ 8605 **Berliner S-Bahn** 3. Q./21 19,80
❑ 8465 Berliner Schienenverkehr 19,80
❑ 8495 **Nahverkehr in Hamburg** 3. Q./21 19,80
❑ 8445 Postverkehr einst und jetzt 19,80
❑ 8486 Straßenbahnen im Wirtschaftswunderland 19,80
❑ 8444 Tatra 19,80

Führerstandsmitfahrten (Q. = Quartal)

❑ 8480 München – Berlin 19,80
❑ 8449 Ulm – München 11,80

Führerstandsmitfahrten *von PERREN*

❑ 40000 Appenzeller-Bahnen und FW-Bahn 42,50
❑ 40001 ASm-Linien Aare Seeland mobil 25,50
❑ 40002 Bahnen am Genfersee 25,50
❑ 40003 Bahnen an der Brüniglinie 25,50
❑ 40004 Bahnen in der Jungfrauregion 42,50
❑ 40005 Bahnlinien im Jura I 25,50
❑ 40006 Bahnlinien im Napfgebiet 25,50
❑ 40007 BLS-Linien I 25,50
❑ 40008 BLS-Linien II 42,50
❑ 40009 BLT-Linien 25,50
❑ 40010 CJ-Linien 25,50
❑ 40011 Die Seetalbahn 25,50
❑ 40012 Die Zentralbahn 42,50
❑ 40013 Diverse Bahnlinien, Ergänzungen I 42,50
❑ 40014 Furka-Bergstrecke 25,50
❑ 40015 Gotthardlinie (nordwärts) 42,50
❑ 40016 Gotthardlinie (südwärts) 25,50
❑ 40017 MGB-Linien II 42,50
❑ 40018 MGB-Linien II (Doppel-Blu-Ray) 51,00
❑ 40019 MOB-/MVR-Linien u. Blonay – Chamby 42,50
❑ 40020 Museumsbahnen 42,50
❑ 40021 Privatbahnen im Kanton Aargau 25,50
❑ 40022 Privatbahnen im Kanton Tessin 42,50
❑ 40023 Privatbahnen im Kanton Zürich 25,50
❑ 40024 RBS-Linien 25,50
❑ 40025 RhB-Linien I 42,50
❑ 40026 RhB-Linien I (Doppel-Blu-Ray) 51,00
❑ 40027 RhB-Linien II 42,50
❑ 40028 RhB-Linien III 25,50
❑ 40029 RhB-Linien III (Blu-Ray) 34,00
❑ 40030 S-Bahn Zürich I 42,50
❑ 40031 S-Bahn Zürich II 25,50
❑ 40032 SBB-Linie Bern – Zürich (alte Strecke) 25,50
❑ 40033 SBB-Linie Genève - Bern 25,50
❑ 40034 SBB-Linien im Baselbiet und WB 25,50
❑ 40035 Simplonlinie 25,50
❑ 40036 SOB-Linien u. angrenzende SBB-Linien 42,50
❑ 40037 TPC-Linien 42,50
❑ 40038 TPF-Linien 25,50
❑ 40039 TRAVYS-Linien 25,50
❑ 40040 Zürich Flugh. – Basel und Region Basel 25,50
❑ 40041 Lötschberglinie 25,50
❑ 40042 Lötschberglinie (Blu-Ray) 34,00
❑ 40043 Bahnlinien im Jura II 42,50
❑ 40044 Bahnlinien im Jura II (Blu-Ray) 51,00
❑ 40045 SBB-Jurasüdflusslinie und OeBB 25,50
❑ 40046 SBB-Jurasüdflusslinie u. OeBB (Blu-Ray) 34,00
❑ 40047 Rigibahnen u. SBB-Linien am Zugersee 25,50
❑ 40048 Rigib. u. SBB-Linien am Zugersee (Blu-Ray) 34,00
❑ 40049 Basel – Winterthur dem Rhein entlang 25,50
❑ 40050 Basel – Winterthur (Blu-Ray) 34,00
❑ 40051 RhB-Linien III (Blu-Ray (Blu-Ray) 51,00
❑ 40052 TMR-Linien und Bergbahnen im Mont-Blanc Gebiet 42,50
❑ 40053 TMR-Linien und Bergbahnen im Mont-Blanc Gebiet (Blu-Ray) 51,00
❑ 40054 transN-Linien u. RVT-Historique 25,50
❑ 40055 transN-Linien u. RVT-Historique (Blu-Ray) 34,00
❑ 40056 SBB-und Turbo-Linie im Kanton Thurgau 42,50
❑ 40057 SBB-und Turbo-Linie im Kanton Thurgau (Blu-Ray) 51,00
❑ 40058 SBB-Linien im Kanton Aargau 25,50
❑ 40059 SBB-Linien im Kanton Aargau (Blu-Ray) 34,00
❑ 40060 Bahnlinien in der Region Schaffhausen 25,50
❑ 40061 Bahnlinien in der Region Schaffhausen (Blu-Ray) 34,00
❑ 40062 SBB-Linien in der Westschweiz 42,50
❑ 40063 SBB-Linien in der Westschweiz (Blu-Ray) 51,00
❑ 40064 **MGB-Linien I und GGB** NEU! 25,50
❑ 40065 **MGB-Linien I und GGB (Blu-Ray)** NEU! 34,00

Sofern nicht anders angegeben: DVD

Eisenbahn Video-Kurier (Q. = Quartal)

In jeder Ausgabe informieren wir Sie über die „Highlights" des Bahngeschehens der letzten Wochen.
Die einzelnen Themen entnehmen Sie unserem aktuellen Katalog oder im Internet unter „EKshop.de"

Einzelpreis € 19,80

❑ VK 131	❑ VK 136	❑ VK 141	❑ VK 146	
❑ VK 132	❑ VK 137	❑ VK 142	❑ VK 147	
❑ VK 133	❑ VK 138	❑ VK 143	❑ **VK 148**	NEU!
❑ VK 134	❑ VK 139	❑ VK 144	❑ **VK 149**	NEU!
❑ VK 135	❑ VK 140	❑ VK 145	❑ **VK 150**	8/21

Sie können den Video-Kurier auch abonnieren.

❑ **Abonnement Video-Kurier ab Ausgabe** _____

Preisvorteil im Abo: DVD € 16,80
Laufzeit je ca. 58 Min. – ab VK 100 zzgl. ca. 60 Min. Bonus (eine ältere Ausgabe des Video-Kuriers)

Abonnements

siehe Rückseite

NICHT VERGESSEN: Bitte auf Seite 96 die komplette Adresse und gewünschte Zahlungsweise angeben.

Kunden-Nr. (falls vorhanden)

Vorname/Name

Alle Preise in €. Preisänderungen und Irrtum vorbehalten.